Tobias Eberle

Konzeption und Entwicklung einer Schnittstelle zu Pro

Bibliografische Information der Deutschen Nationalbibliothek:

Bibliografische Information der Deutschen Nationalbibliothek: Die Deutsche Bibliothek verzeichnet diese Publikation in der Deutschen Nationalbibliografie; detaillierte bibliografische Daten sind im Internet über http://dnb.d-nb.de/ abrufbar.

Copyright © 1995 Diplomica Verlag GmbH
Druck und Bindung: Books on Demand GmbH, Norderstedt Germany
ISBN: 9783838648811

http://www.diplom.de/e-book/220450/konzeption-und-entwicklung-einer-schnitt-stelle-zu-produktionsplanungssystemen

Tobias Eberle

Konzeption und Entwicklung einer Schnittstelle zu Produktionsplanungssystemen

Diplom.de

Tobias Eberle

Konzeption und Entwicklung einer Schnittstelle zu Produktionsplanungssystemen

Diplomarbeit
an der Fachhochschule Stuttgart
März 1995 Abgabe

Diplom.de

Diplomica GmbH
Hermannstal 119k
22119 Hamburg

Fon: 040 / 655 99 20
Fax: 040 / 655 99 222

agentur@diplom.de
www.diplom.de

ID 4881

ID 4881
Eberle, Tobias: Konzeption und Entwicklung einer Schnittstelle zu
Produktionsplanungssystemen / Tobias Eberle - Hamburg: Diplomica GmbH, 2002
Zugl.: Stuttgart, Fachhochschule, Diplom, 1995

Diplomica GmbH
http://www.diplom.de, Hamburg 2002
Printed in Germany

Diplom.de

Wissensquellen gewinnbringend nutzen

Qualität, Praxisrelevanz und Aktualität zeichnen unsere Studien aus. Wir bieten Ihnen im Auftrag unserer Autorinnen und Autoren Wirtschafts-studien und wissenschaftliche Abschlussarbeiten – Dissertationen, Diplomarbeiten, Magisterarbeiten, Staatsexamensarbeiten und Studien-arbeiten zum Kauf. Sie wurden an deutschen Universitäten, Fachhoch-schulen, Akademien oder vergleichbaren Institutionen der Europäischen Union geschrieben. Der Notendurchschnitt liegt bei 1,5.

Wettbewerbsvorteile verschaffen – Vergleichen Sie den Preis unserer Studien mit den Honoraren externer Berater. Um dieses Wissen selbst zusammenzutragen, müssten Sie viel Zeit und Geld aufbringen.

http://www.diplom.de bietet Ihnen unser vollständiges Lieferprogramm mit mehreren tausend Studien im Internet. Neben dem Online-Katalog und der Online-Suchmaschine für Ihre Recherche steht Ihnen auch eine Online-Bestellfunktion zur Verfügung. Inhaltliche Zusammenfassungen und Inhaltsverzeichnisse zu jeder Studie sind im Internet einsehbar.

Individueller Service – Gerne senden wir Ihnen auch unseren Papier-katalog zu. Bitte fordern Sie Ihr individuelles Exemplar bei uns an. Für Fragen, Anregungen und individuelle Anfragen stehen wir Ihnen gerne zur Verfügung. Wir freuen uns auf eine gute Zusammenarbeit.

Ihr Team der Diplomarbeiten Agentur

Diplomica GmbH
Hermannstal 119k
22119 Hamburg

Fon: 040 / 655 99 20
Fax: 040 / 655 99 222

agentur@diplom.de
www.diplom.de

Vorwort

Mit der Erstellung verschiedenartigster Schnittstellen zwischen beliebigen Programmen beschäftigen sich weltweit eine Vielzahl von Fachleuten. Schnittstellen sind nötig, um unterschiedlichste Programme miteinander zu verbinden. Die zu große Anzahl der heute existierenden Schnittstellen ist auf eine fehlende Standardisierung im Softwarebereich zurückzuführen. In der Zeit als die Softwareproduktion aufgrund immer besser werdender Rechner stark zunahm, wurde es versäumt mehr Standards zu definieren. Fast die gesamte Energie der Softwarehersteller wurde damit vergeudet, eigene Lösungen für jedes Problem zu finden, in der Hoffnung etwas besseres zu schaffen. Diese Denkweise führte zu einer Vielzahl von Individuallösungen für ein und dasselbe Problem.

Heute versuchen weltweit agierende Vereinigungen diese Standards zu definieren. Einen solchen Versuch startete die PRO-Step GmbH. Sie versucht neutrale Datenaustauschformate für CAD-Systeme, sowie für Produktionsplanungssysteme zu erstellen. Dieses Vorhaben konnte bis zum heutigen Tage noch nicht vollendet werden. Immer neue Spezifikas eines CAD- oder Produktionsplanungssystems bereiten hier große Schwierigkeiten. Die meisten Firmen besitzen jedoch eine Vielzahl unterschiedlichster Programmsysteme. In zunehmenden Maße wächst der Wunsch, diese Systeme miteinander zu verbinden, wie man an der wachsenden Zahl der dazugehörigen Programme sieht.

Die Aufgabe dieser Diplomarbeit besteht darin, solch eine Verbindung, zweier eigentlich fremder Softwaresysteme zu erstellen. Im speziellen muß eine Verbindung zwischen einem CAD-System und einem Produktionsplanungssystem konzipiert und realisiert werden. Die Firma CENIT GmbH stellte mir konkret die Aufgabe, eine Kopplung der CAD-Systeme CATIA und CADAM mit dem Produktionsplanungssystem SAP, innerhalb einer Zeichnungsverwaltung zu erstellen. Ich nahm diese Aufgabe in Absprache mit Herrn Prof. Dr. Ress von der FHT Stuttgart an.

Ich möchte mich an dieser Stelle besonders bei meinen Eltern für die Unterstüzung während meines Studiums bedanken. Desweiteren möchte ich meinen Dank der Firma CENIT GmbH für die Unterstüzung dieser Diplomarbeit aussprechen. Weiterhin möchte ich mich bei Herrn Prof. Dr. Ress von der FHT Stuttgart bedanken, der mich während dieser Diplomarbeit bestmöglich unterstützt hat.

Tobias Eberle, 11. September 2000

Inhaltsverzeichnis

1 Einführung   **1**

1.1 Thema der Diplomarbeit 1

   1.1.1 Inhalte der Diplomarbeit 1

   1.1.2 Systembeschreibung 1

1.2 Die Firma CENIT GmbH 2

   1.2.1 Engineering Data Management 3

1.3 Einführung in Produktionsplanungsysteme 3

1.4 Einführung in Zeichnungsverwaltungssysteme 4

   1.4.1 Die Zeichnungsverwaltung CAD-ZV 4

      1.4.1.1 Das Modul CAD-ZV-Basis 4

      1.4.1.2 Das Modul CAD-ZV-Form 4

         1.4.1.2.1 Zeichnungstypen 4

      1.4.1.3 Das Modul CAD-ZV-Manage 5

         1.4.1.3.1 Zeichnungsfreigabe 5

         1.4.1.3.2 CAD-ZV-User-Exit 5

1.5 Kopplung von CAD- und Produktionsplanungssystem 6

   1.5.1 Ziel der Kopplung 6

   1.5.2 Softwarekomponenten 7

   1.5.3 Grundfunktionen 7

   1.5.4 Zentrale Steuerung mittels eines ZV-Systems 8

1.6 Einführung in SAP R/2 und R/3 8

   1.6.1 Vollständige Infrastruktur von SAP R/2 und R/3 8

   1.6.2 Portabilität der Systeme 9

   1.6.3 Anpassungsfähigkeit der SAP-Systeme R/2 und R/3 9

   1.6.4 Client/Server-Prinzip von R/3 9

   1.6.5 Offenheit des R/3-Systems 10

   1.6.6 Verteilte Anwendungen mit dem R/3-Sytsem 10

2 Das Produktionsplanungssystem SAP   **11**

2.1 SAP Unternehmensstruktur 11

   2.1.1 Mandant 11

   2.1.2 Buchungskreis 12

   2.1.3 Werk 12

   2.1.4 Lagerort 12

2.1.5   Einkaufsorganisation 12
2.1.6   Verkaufsorganisation 12
2.1.7   Hierarchische Unternehmensstruktur 13
2.2   SAP Materialwirtschaft 13
2.2.1   Materialstamm 14
2.2.1.1   Daten im Materialstammsatz 14
2.2.2   Dokument 14
2.2.2.1   Materialien Dokumente zuordnen 14
2.2.3   Equipment 15
2.2.4   Stückliste 16
2.2.4.1   Arten von Stücklisten 16
2.2.4.1.1   Materialstückliste 16
2.2.4.1.2   Dokumentstückliste 16
2.2.4.1.3   Equipmentstückliste 17
2.2.4.2   Typen von Stücklisten 17
2.2.4.2.1   Die Variantenstückliste 17
2.2.4.2.2   Die Mehrfachstückliste 18
2.2.4.2.3   Rekursive Stückliste 18
2.3   Kommunikation mit SAP 19
2.3.1   Kommunikationsbasis CPIC 19
2.3.2   Hardwarekomponenten 20
2.3.3   Softwarekomponenten 20
2.3.4   Konstellationen 20
2.3.5   Kommunikationsprotokolle 21
2.3.5.1   Kommunikation mit SNA-LU6.2 21
2.3.5.2   Kommunikation mit TCP/IP 21
2.3.6   Voraussetzungen zum Datenaustausch 22
2.3.7   Regeltabellen 22
2.3.7.1   Tabelle TCIS 22
2.3.7.2   Tabelle TCIC 24
2.3.7.3   Tabelle TCIU 24
2.3.7.4   Tabelle TCID 25
2.3.7.5   Tabelle TCIM 25
2.3.7.6   CPIC-Benutzer einrichten 26
2.3.8   Konfiguration außerhalb von SAP 26
2.3.8.1   Kommunikation definieren 26
2.3.8.1.1   Die Sideinfo-Konfigurationsdatei 26
2.3.8.1.2   Die Caddialg-Konfigurationsdatei 27
2.3.8.1.3   Die Systemdatei Hosts 28
2.3.8.1.4   Die Systemdatei Services 28
2.3.9   Zusammenfassung 29
2.4   Das CAD-Interface 29
2.4.1   Komponenten des CAD-Interface 32
2.4.1.1   SAP-Funktionsbibliothek 32

      2.4.1.2   SAP-Schnittstellenprogramm 32
2.4.2 Beschreibung der Interface-Funktionen 33
      2.4.2.1   Datenübertragung 33
      2.4.2.2   C-Datenstruktur 33
      2.4.2.3   Funktionsaufbau 34
      2.4.2.4   Fehlerbehandlung 35
2.4.3 Basisfunktionen des CAD-Interface 36
      2.4.3.1   Anmelden am SAP-System 36
      2.4.3.2   Abmelden am SAP-System 36
      2.4.3.3   Abbrechen einer Funktion 36
      2.4.3.4   Synchronisation 37
      2.4.3.5   SAP-Hilfe 37
             2.4.3.5.1   Anzeige der Eingabemöglichkeiten 37
             2.4.3.5.2   Anzeige der Feldbeschreibung 38
2.4.4 Funktionen zum Zugriff auf Materialstammdaten 38
      2.4.4.1   Materialstammsatz anlegen 38
             2.4.4.1.1   Einfaches erzeugen 38
             2.4.4.1.2   Anlegen mit reservierter Materialnummer 39
      2.4.4.2   Materialnummer reservieren 39
      2.4.4.3   Materialstammsatz ändern 40
             2.4.4.3.1   Einfaches Ändern 40
             2.4.4.3.2   Ändern des beschreibenden Text 40
      2.4.4.4   Materialstammsatz anzeigen 41
             2.4.4.4.1   Einfaches Anzeigen 41
             2.4.4.4.2   Anzeigen mit vorhergehender Matchcodesuche . . . 41
             2.4.4.4.3   Anzeigen der beschreibenden Texte 42
2.4.5 Funktionen zum Zugriff auf Dokumentinfosätze 42
      2.4.5.1   Anlegen Dokumentinfosatz 42
      2.4.5.2   Ändern Dokumentinfosatz 43
      2.4.5.3   Anzeigen Dokumentinfosatz 43
2.4.6 Funktionen zum Zugriff auf Stücklistendaten 43
      2.4.6.1   Anlegen Stückliste 44
      2.4.6.2   Ändern Stückliste 44
      2.4.6.3   Anzeigen Stückliste 45
2.4.7 Verbesserung 46
2.5 Die Toolbox 46
2.5.1 Initialisieren der Toolbox 46
2.5.2 Meldung zum aufgetretenen Fehler anfordern 47
2.5.3 Konfigurationsdaten der Toolbox 47
2.5.4 Kommunikationsparameter der Toolbox bekanntmachen 47
2.5.5 Erzeugen von externen Dateien für die Toolbox 47
2.5.6 Bereitstellen der Toolboxinternen Tabellen 47
2.5.7 Füllen der Toolboxinternen Tabellen 47
2.5.8 Attribut aus der Toolbox-Tabelle lesen 48

2.5.9   Arbeiten mit externen Toolbox-Tabellen   48
2.5.10 Anzahl der Einträge in den Toolbox-Tabellen   48
2.5.11 Schreiben in Toolbox-Tabellen   49
2.5.12 Sendstring aus Toolbox-Tabelleninhalt erzeugen   49
2.5.13 Interne Matchcode Tabelle füllen   49
2.5.14 Sendstring mit Einschränkungen erzeugen   49
2.5.15 Anzahl der Matchcodeeinträge in der Toolbox-Tabelle   49
2.5.16 Schreiben der Matchcodeeinträge in Tabellen   49
2.5.17 Tabelle für Online-Hilfe   50

3 Modulspezifikation der PPS-Schnittstelle   51
3.1   Spezifikation der CAD-Module   52
      3.1.1   Programmschichten der CAD-Module   52
      3.1.2   Intergration der CAD-Module   53
      3.1.3   Verbindungen zwischen CAD- und PPS-Objekten   53
              3.1.3.1   Logische Verbindung unter dem CAD-System CATIA   54
              3.1.3.2   Logische Verbindung unter dem CAD-System CADAM . . .   54
              3.1.3.3   Verbindungsinkonsistenz   55
      3.1.4   Das CAD-Modul ohne die Zeichnungsverwaltung   56
              3.1.4.1   Funktionen des CAD-PPS-Modul   56
      3.1.5   Das CAD-Modul mit der Zeichnungsverwaltung   56
              3.1.5.1   Kopplungsfunktionen   57
                        3.1.5.1.1   Sachmerkmal-Datenübernahme   57
                        3.1.5.1.2   Anzeigefunktionen   57
                        3.1.5.1.3   Automatische Dokumentgenerierung   57
              3.1.5.2   Kopplungsproblem   57
3.2   Spezifikation des Customizing-Modul   58
      3.2.1   Globale Benutzerverwaltung   59
              3.2.1.1   Virtueller Benutzer   59
              3.2.1.2   Benutzerzuordnungen   60
              3.2.1.3   Benutzergruppen   60
      3.2.2   Kommunikationsverwaltung   61
              3.2.2.1   Sideinfo-Verwaltung   61
              3.2.2.2   Caddialg-Verwaltung   62
      3.2.3   Downloadfunktion   62
      3.2.4   Skalierung   62
              3.2.4.1   Panellayouttabelle anpassen   63
                        3.2.4.1.1   Feldnamenbezeichnung anpassen   63
                        3.2.4.1.2   Farbtabelle ändern   63
              3.2.4.2   Defaultbelegung   64
      3.2.5   Administration   64

4 Datenmodellierung der PPS-Schnittstelle   **65**
4.1 Vorbereitungen für das Datenmodell 65
  4.1.1 Ziele der Datenmodellierung 65
  4.1.2 Normalform 65
  4.1.3 Datei- und Datenbanklösung 66
  4.1.4 Binärers Suchverfahren 67
  4.1.5 Bitcodierte Spalten 67
    4.1.5.1 Verwendung bitcodierter Spalten 68
  4.1.6 Tabellenschreibweise 69
4.2 Logisches Datenbankdesign 69
  4.2.1 Basis-Schicht 70
    4.2.1.1 Tabelle BASSDMD 70
    4.2.1.2 Tabelle BASANWD 70
    4.2.1.3 Tabelle BASSYS 71
    4.2.1.4 Tabelle BASVUSR 71
    4.2.1.5 Tabelle BASVUAN 71
    4.2.1.6 Tabelle BASUSYS 72
    4.2.1.7 Tabelle BASVGRP 72
    4.2.1.8 Tabelle BASVUGR 72
  4.2.2 SAP-Schicht 73
    4.2.2.1 Aufteilung SAP-Schicht 73
    4.2.2.2 Tabelle SAPSYS 74
    4.2.2.3 Tabelle SAPKON 75
    4.2.2.4 Beziehung zwischen SAPKON und SAPSYS 75
    4.2.2.5 Tabelle SAPMAND 76
    4.2.2.6 Tabelle SAPCPIU 76
    4.2.2.7 Tabelle SAPCAD 76
    4.2.2.8 Tabelle SAPUSER 77
    4.2.2.9 Tabelle SAPFKT 77
    4.2.2.10 Tabelle SAPPAN 78
    4.2.2.11 Tabelle SAPDEF 78
    4.2.2.12 Tabelle SAPTMAT 79
  4.2.3 Panel-Schicht 79
    4.2.3.1 Tabelle PANEL 79
      4.2.3.1.1 Typs 10 I/O-Feld 79
      4.2.3.1.2 Typs 20 Text 80
      4.2.3.1.3 Typs 30 Linie 80
      4.2.3.1.4 Typs 70 Button 80
    4.2.3.2 Tabelle PANIOIN 81
      4.2.3.2.1 Beziehungen 82
    4.2.3.3 Tabelle PANNAM 82
  4.2.4 ZVS-SAP-Schicht 82
    4.2.4.1 Tabelle ZVSSAPR 83
4.3 ER-Modell der SAP-Schnittstelle 83

5 Ablaufmodelle für die PPS-Schnittstelle   **86**

5.1   Modelle für die CAD-Module 86

     5.1.1   Panellayouttabellen im CAD-Modul generieren 86

     5.1.2   Anmeldevorgang 87

         5.1.2.1   Manueller und automatischer Anmeldevorgang 88

     5.1.3   Materialstammsätze über Matchcodes suchen 89

     5.1.4   Materialstammsatz aus dem SAP im CAD-System anzeigen 90

     5.1.5   Materialstammsatz im SAP reservieren 91

     5.1.6   Materialstammsatz anlegen 92

     5.1.7   Materialstammsatz ändern 93

     5.1.8   Modelle für die Kopplung mit der Zeichnungsverwaltung 93

         5.1.8.1   Sachmerkmal-Datenübernahme 94

         5.1.8.2   SAP-Datenanzeige 94

         5.1.8.3   Automatische Dokumentgenerierung 95

5.2   Modelle für das Customizing-Modul 96

     5.2.1   Download-Funktion 96

         5.2.1.1   Zeitabschätzung 97

         5.2.1.2   Ablaufmodell für den Download 97

6 Realisierung der PPS-Schnittstelle   **98**

6.1   Entwicklungsumgebung 98

     6.1.1   Die Entwicklungsbenutzer csap110 und cadzvsap 99

         6.1.1.1   Das Dateisystem 99

         6.1.1.2   Versionsmanagement 99

6.2   Programmiersprache der Schnittstelle 100

     6.2.1   Die objektorientierte Sprache C++ 100

     6.2.2   Testprogramm 101

6.3   Pseudosprache 103

6.4   Realisierung der Grundfunktionen 104

     6.4.1   Sende- und Empfangsstringaufbereitung 104

         6.4.1.1   Sendestringaufbereitung 104

         6.4.1.2   Empfangsstringauswertung 105

     6.4.2   Aufbau eines Dialogpanels 105

     6.4.3   Aufbau der Eingabefelder 106

         6.4.3.1   Hilfefunktion 107

         6.4.3.2   Eingabemöglichkeiten 108

         6.4.3.3   Verbesserung der Feldnamenermittlung 108

6.5   Realisierung der Kopplungsfunktionen 109

     6.5.1   Realisierung der Sachmerkmal-Datenübernahme 109

     6.5.2   Realisierung der SAP-Datenanzeige 111

     6.5.3   Realisierung des automatischen Anlegens von Dokumenten 112

6.6   Realisierung des Customizing-Moduls 113

     6.6.1   Realisierung des Downloads 114

A Der Panelinterpreter   **116**
  A.1 Schnittstelle des Panelinterpreter 116
  A.2 Funktionsweise des Panelinterpreter 116
  A.3 Elemente und Anweisungen zur Panelgestaltung 117
    A.3.1 Die Includeanweisung 118
    A.3.2 Das Element IO-Feld 118
    A.3.3 Das Element Tabellen 118

B Zusammenfassung   **119**
  B.1 Das Umfeld 119
  B.2 Die Kopplung von CAD- und PPS-System 119
  B.3 Die SAP-Schnittstelle 120
  B.4 Das Customizing-Modul 121
  B.5 Das Modul CAD-SAP 121
  B.6 Das Modul ZVS-SAP 121
  B.7 Ziele und Wirtschaftlichkeit 122

C Aussichten   **123**
  C.1 Unterstützung weiterer PPS-Systeme 123
  C.2 Realisierung weiterer SAP-Module 123
    C.2.1 Stücklistenmodul 124
    C.2.2 Dokumentenverwaltungsmodul 124
  C.3 Portierung auf weitere Plattformen 125
  C.4 Gemeinsames Datenmodell 125

D Tabellen   **127**
  D.1 Zweier-Potenzen 127

E Glossar   **128**

Abbildungsverzeichnis

1.1 CAD-ZV-User-Exits 6

2.1 SAP-Unternehmensstruktur 13
2.2 Beziehungen zwischen Dokumenten und Materialstämmen 15
2.3 Variantenstückliste 17
2.4 Mehrfachstückliste 18
2.5 Rekursive Stückliste 18

3.1 Die drei Programmschichten 53
3.2 Logische Verbindung zwischen CAD- und PPS-Objekt 55
3.3 Benutzerzuordnungen 59

4.1 TRMAN Schnittstelle 67
4.2 SAP-Schicht 73
4.3 ER-Modell für die SAP-Schnittstelle 84

5.1 Automatischer und manueller Anmeldevorgang 88
5.2 Materialstammsatz resevieren 91
5.3 Automatisches Anlegen von Dokumenten 96
5.4 Ablauf eines Downloads 97

6.1 Entwicklungsumgebung 98
6.2 Dateisystem des Entwicklungsbenutzers 99
6.3 Fester und variabler Panelteil 106
6.4 Eingabefeldaufbau 107

A.1 Funktionsweise des Panelinterpreters 117

B.0 Gesamtübersicht des Schnittstellenaufbau 120

C.1 Gemeinsame und spezielle Datenbanken 126

Tabellenverzeichnis

2.1 Regeltabelle TCIC 24
2.2 Regeltabelle TCIU 24
2.3 Regeltabelle TCID 25
2.4 Regeltabelle TCIM 25

3.1 Verbindungsinkonsistenzen 55

4.1 Tabellenschreibweise 69
4.2 Formatangaben 69
4.3 Beziehungen zwischen SAPKON und SAPSYS 75
4.2 Komplexitäten 84

5.2 Temporäre User-Exit Schnittstellendatei 95

6.1 Zuordnungen zwischen IO-Datei und PANIOIN 104
6.2 IO-Datei nach der Empfangsstringauswertung 105
6.3 IO-Datei vor der Sachmerkmal-Datenübernahme 110
6.4 Definitionen in ZVSSAPR für die Sachmerkmal-Datenübernahme 110
6.4 IO-Datei nach der Sachmerkmal-Datenübernahme 111
6.5 Regeltabelle TCIU für den Freigabeprozeß 112
6.5 Schnittstellendatei USRTMP für den Freigabeprozeß 113

D.1 Zweier-Potenzen 127

Kapitel 1

Einführung

1.1 Thema der Diplomarbeit

Konzeption und Prototypenerstellung für die Erstellung einer Schnittstelle zu Produktionsplanungssystemen, speziell für eine SAP-Anbindung[1] in den Bereichen Materialstamm, Dokumentenverwaltung und Stückliste.

1.1.1 Inhalte der Diplomarbeit

Erstellung einer *Konzeption* unter Berücksichtigung der Schnittstellen zu folgenden Anwendungen:

- Produktionsplanungssystem von SAP. Wobei das SAP-System sowohl auf einem Großrechnersystem (R/2), als auch die Client/Server-Lösung (R/3) zu unterstüzen ist.

- CAD-ZV Zeichnungsverwaltung für die CAD-Systeme CATIA[2] und CADAM[3] von der
  Cenit GmbH.

Realisierung eines *Prototypen* unter Verwendung einer Programm-zu-Programm-Schnittstelle
zur Kommunikation mit dem R/2- und R/3-System von SAP und vorhandenem Quellcode
der CENIT GmbH.

1.1.2 Systembeschreibung

Die Zeichnungsverwaltung CAD-ZV administriert den Entstehungsprozeß von CAD-Modellen
im Bereich der Entwicklung und Konstruktion. Die Freigabemechanismen der Zeichnungsverwaltung bilden die Ablauforganisation eines Unternehmens ab. In diesen Freigabeablauf
integriert soll die Anbindung des SAP-Systems für verschiedene SAP-Module sowohl auf
Daten-, als auch auf Prozeßebene erfolgen. Die Anbindung erfolgt in folgenden Bereichen
des Produktionsplanungssystems SAP:

---

[1] SAP ist ein Produktionsplanungssystem von der SAP AG Walldorf
[2] CATIA ist ein eingetragenes Warenzeichen von Dassault Systems
[3] CADAM ist ein Warenzeichen der CADAM Inc., einer hundertprozentigen Tochtergesellschaft der IBM
Corp..

Anbindung der SAP-Dokumentenverwaltung: Hierzu sind Dokumentenstammdaten auszutauschen.

Im Bereich Materialstamm und Stückliste: Hier sollen SAP-Merkmale über CAD-Eingabemasken erfaßt und geprüft werden.

Unterstützung der SAP-Suchfunktionen: Die Suchfunktionen von SAP sollen den Benutzer dialoggesteuert bei Suchvorgängen im Produktionsplanungssystem unterstützten.

1.2 Die Firma CENIT GmbH

Das Unternehmen CENIT GmbH wurde 1988 von den heutigen fünf Geschäftsführern Falk Engelmann, Norbert Fink, Hubertus Manthey, Rüdiger Passehl und Andreas Schmidt gegründet. Heute beschäftigt das Unternehmen über 100 Mitarbeiter in seinen Geschäftsstellen in München, Frankfurt, Saarbrücken, Düsseldorf und Bangkok.

Seit 1991 besitzt die IBM eine Beteiligung an der CENIT GmbH. Die CENIT GmbH ist außerdem autorisierter Partner der französischen Firma Dassault Systemes sowie SAP-Kooperationspartner.

Die CENIT GmbH ist ein Systemhaus für die CAD/CAM-Integration (CAM Computer Aided Manufactoring), deren Unternehmensschwerpunkte in der Beratung, Installation und Support der CAD-Systeme CATIA und CADAM sowie der Anwendungsentwicklung im Konstruktions- und Fertigungsumfeld sowie im Engineering Data Management (EDM) liegen. Dabei werden alle Betriebssysteme auf einem IBM-Großrechner, einer IBM-Workstation und einem PC, welche für die Anwendungen im CAD-Umfeld wichtig sind, unterstützt.

Der Tätigkeitsbereich basiert auf den folgenden Schwerpunkten:

- CATIA und CADAM Installation- und Betreuungsservice

- Anwenderschulungen für CAD- sowie Administratorschulungen im Unix-Umfeld

- Engineering Data Management kurz EDM-Systeme

- Zeichnungsverwaltung CAD-ZV

- Systemeinführung / Pilotprojekte

- Fertigungsanbindungen und Integration

- 3-5 Achs-Postprozessoren für Drehen und Fräsen

- Datenkonvertierung / Schnittstellen

- CAD-Peripherie Anbindungen

- Workstations- und Netzwerkkonzepte

• Konstruktions- und NC-[4] Dienstleistungen

1.2.1 Engineering Data Management

Die Konzeption und Realisierung dieser Diplomarbeit wurde innerhalb der EDM-Abteilung ermöglicht. Aus diesem Grund möchte ich an dieser Stelle die genaue Definition des EDM-Begriffes vorstellen:

Definition 1 *EDM ist ein DV-gestützter, in Stufen ausbaubarer Integrationsansatz für alle produktbeschreibenden Daten und zugehörenden DV-Systeme entlang der Engineering-Prozeß-kette. Ein EDM-Gesamtsystem umfaßt einerseits ein durchgängiges Datenmanagement (Vault) zur Speicherung der produktbeschreibenden Daten und andererseits ein Workflowmanagement zur Integration der Datenverarbeitungsfunktionen unter einer Bedienoberfläche und zum Prozeßmanagement. In diesen Integrationsrahmen sind die verschiedenen, entlang des Engineering-Prozesses benötigten Wirksysteme zur Entwicklungsplanung, Konstruktion, Erprobung, Typprüfung u.a. eingehängt.*

1.3 Einführung in Produktionsplanungsysteme

Viele mittelständische Unternehmen sind aufgrund der Anforderungen ihrer Kunden nach *Termintreue, Kostenstruktur* und *Qualität* gezwungen auf allen betrieblichen Ebenen moderne integrierte Informationssysteme einzusetzen. In Industriebetrieben sind dies Produktions- und Steuerungssysteme, kurz PPS.

Nicht zuletzt in Zeiten strukturellen Wandels und Internationalisierung der Märkte (EU) sehen sich zahlreiche Unternehmen mit verschärften Wettbewerbsbedingungen konfrontiert. Dies führt zu einem zunehmenden Preisdruck und dem Streben, sich gegenüber der Konkurenz zu differenzieren. Daher werden gegenwärtig in vielen Branchen die folgenden strategischen Ziele verfolgt, deren Erfüllung die Wettbewerbsposition stark beeinflußt und somit über den Erfolg des Unternehmens entscheidet:

• Erhöhung der Flexibilität gegenüber kurzfristig geänderten Marktanforderungen.

• Verbesserung der Terminzuverlässigkeit.

• Sicherung eines hohen Qualitätsstandards und Nutzung von Kostensenkungspotentialen.

Speziell die mittelständische Zulieferindustrie ist durch die Einführung von Lean- und Just-in-Time-Konzepten (JIT) sowie des Total-Quality-Management-Ansatzes (TQM) bei den großindustriellen Abnehmern darauf angewiesen, sehr hohe Standards hinsichtlich Termintreue und Produktionsqualität (Zertifizierung ISO 9000) zu garantieren.

---

[4]NC Numeric Control: Darunter versteht man ein Programm zur vollautomatischen Ablaufsteuerung einer Werkzeugmaschine.

1.4   Einführung in Zeichnungsverwaltungssysteme

Durch den Einsatz von CAD-Systemen werden sämtliche Zeichnungen in einem Unternehmen nicht mehr in Papier sondern in elektronischer Form abgelegt. Die Ablage erfolgt meist in konventioneller Art und Weise das heißt über einen vom Konstrukteur vergebenen Namen wird das Modell im CAD-System abgelegt. Dadurch sinkt, mit zunehmender Anzahl von Konstruktionszeichnungen, die Transparenz in einem Unternehmen ab. Zusätzlich steigt die Teilevielfalt, aufgrund des fehlenden Gesamtüberblicks, an. Letztenendlich kann der Überblick über den Zeichnungsbestand völlig verloren gehen.

Durch den Einsatz eines Zeichnungsverwaltungssystems (ZVS) läßt sich die *Firmentransparenz*, die *Teilevielfalt*, der *Informationsfluß* und die *Informationsqualität* in bezug auf den Zeichnungsbestand erheblich verbessern.

1.4.1   Die Zeichnungsverwaltung CAD-ZV

Die Firma CENIT GmbH entwickelte die Zeichnungsverwaltung CAD-ZV. CAD-ZV wird obigen Anforderungen an eine Zeichnungsverwaltung gerecht und stellt dem Anwender eine breite Palette von Funktionen zur Zeichnungsablage, -recherche, -änderungs, -freigabe etc. zur Verfügung.

Die Zeichnungsverwaltung ist weitgehend modularisiert. Jedes Modul kann an die Anforderungen des Kunden angepaßt werden. Folgende Module stehen zur Verfügung:

- CAD-ZV-Basis
- CAD-ZV-Form
- CAD-ZV-Manage

1.4.1.1   Das Modul CAD-ZV-Basis

Das *Basismodul* stellt den Grundbaustein von CAD-ZV dar. In ihm werden alle globalen und kundenspezifischen Anpassungen und Definitionen durchgeführt.

1.4.1.2   Das Modul CAD-ZV-Form

CAD-ZV-Form ist ein Zeichnungskopfmakro zur dialoggestützten Erfassung von Schriftfelddaten. Dieses Makro erzeugt Schriftfelder, Zeichnungsrahmen und Änderungstabellen. *CAD-ZV-Form* ist frei konfigurierbar und damit auf die kundenspezifischen Anforderungen anpaßbar. Die Konfiguration erfolgt innerhalb des Basismodules.

1.4.1.2.1   Zeichnungstypen

In einem Unternehmen werden unterschiedlichste Zeichnungen für verschiedene Zwecke benötigt, wie zum Beispiel Konstruktions- und Entwicklungszeichnungen, Schaltpläne, Fertigungszeichnungen, Skizzen etc.. Für jeden dieser *Zeichnungstypen* können verschiedenartige Anforderungen bezüglich Aussehen, Informationsgehalte, Änderungs- und Freigabemechanismen bestehen.

1.4.1.3 Das Modul CAD-ZV-Manage

CAD-ZV-Manage übernimmt die komplette Verwaltung aller Daten einer CAD-ZV-Zeich-nung. Dazu gehören die pyhsikalischen CAD-Modelle, sowie die Daten des Schriftkopfes, welche entweder auf einem Datei- oder Datenbanksystem abgelegt werden.

1.4.1.3.1 Zeichnungsfreigabe

Die *Freigabefunktion* der Zeichnungsverwaltung CAD-ZV bietet die Möglichkeit, verschiedene sogenannte *Freigabeprozesse* zu definieren. Ein *Freigabeprozeß* legt den Weg und die Weise fest, wie eine Zeichnung von der Konstruktion bis hin zur Produktionsfreigabe zu behandeln ist.

Die Definition der *Freigabeprozesse* erfolgt im Basismodul von CAD-ZV. Jeder *Freigabeprozeß* besteht aus einer mehrstufigen Ablaufdefinition. Den einzelnen Stufen des *Freigabeprozesse* sind Prüfer oder Prüfgruppen (Verantwortlichen) zugeordnet.

Beispiel 1.1: In einem Unternehmen wurde ein dreistufiger Freigabeprozeß Neufreigabe definiert. Anhand dieses einfachen Prozesses soll die Arbeitsweise der Zeichnungsfreigabe verdeutlicht werden. Die einzelnen Stufen des Freigabeprozesses Neufreigabe.

1. Konstruktion: Jeder Anwender kann die Zeichnung auf die nächste Freigabestufe weiterleiten.

2. Normenprüfung: Für die Normenprüfung ist die Prüfgruppe Normengruppe zuständig. Nur ein Mitglied der Normengruppe kann die Zeichnung freigeben.

3. Produktionsfreigabe: Die Produktionsfreigabe unterliegt alleinig dem Leiter der Konstruktionsabteilung. Nur dieser ist in der Lage, die Zeichnung in Produktion zu nehmen.

1.4.1.3.2 CAD-ZV-User-Exit

Die Zeichnungsverwaltung CAD-ZV besitzt die Programmschnittstelle *User-Exit*, mit der sich externe Programme an vorgegebenen Stellen innerhalb der Zeichnungsverwaltung einbinden lassen. Standardmäßig sind die *User-Exits* immer *vor* und *nach* einer bestimmten Aktion der Zeichnungsverwaltung (zum Beispiel *vor* und *nach* der Aktion *kopieren*) eingebunden. Mit der Schnittstelle ist eine Datenübertragung zwischen einem externem Programm und der Zeichnungsverwaltung in beide Richtungen möglich.

Nachfolgende Abbildung zeigt wie die CAD-ZV *User-Exits* in die Zeichnungsverwaltung eingebunden sind. Aktion `"vor"` und Aktion `"nach"` stellen zwei aufeinanderfolgende Programmstellen innerhalb von CAD-ZV dar.

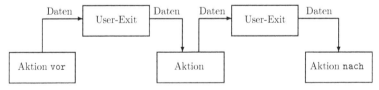

Abbildung 1.1: CAD-ZV-User-Exits

Das Schnittstellenprogramm für die *User-Exits* verzweigt je nach aktueller Aktion innerhalb der Zeichnungsverwaltung an einen *Exit*[5].

1.5 Kopplung von CAD- und Produktionsplanungssystem

Beim Entwurf einer technischen Anlage ist der Arbeitsablauf quasi zweigeteilt: In die Konstruktionsphase auf der einen und in die Verwaltung der Stücklisten auf der anderen Seite. Die verwendeten Bauteile müssen ihren Niederschlag in den Stücklisten finden, umgekehrt sind Veränderungen der Stückliste in den Konstruktionszeichnungen entsprechend.

Es ist es daher naheliegend, diese beiden Arbeitsvorgänge miteinander zu koppeln und hierbei die Leistungsfähigkeit von DV-Systemen zu nutzen. Eine solche Kopplung muß in der Lage sein, Entwurfs- und Produktionsplanungsphase direkt (online) in Verbindung zu bringen. Computer Aided Design (CAD) und Produktionsplanungssystem (PPS) sollten daher zu einer für den Konstrukteur einheitlichen Umgebung zusammenwachsen, als Teil des Computer Aided Engineering (CAE).

1.5.1 Ziel der Kopplung

Ziele der Einführung einer integrierten CAE-Lösung sind höhere Wirtschaftlichkeit in Herstellung und Betrieb, weitgehende Flexibilität bei der Erfüllung individueller Kundenwünsche, Reduzierung der Datenredundanz und die Verwirklichung praxisgerechter Qualität. Das Hauptziel ist ein durchgängiger Datenfluß auf Basis eines Datenverarbeitungssystems im

---

[5]Ein *Exit* ist ein Unterprogramm

Vordergrund, das möglichst weitgehend die bisherigen manuellen Routinearbeiten automatisiert. Damit kann der Anwender schnell zu Informationen unterschiedlichster Art in seinem Betrieb gelangen.

1.5.2 Softwarekomponenten

Bei der Einführung einer CAD-PPS-Kopplung müssen folgende Softwarekomponeneten vorhanden oder eingeführt worden sein:

CAD Mit ausreichender Grundfunktionalität zur Konstruktion und der Möglichkeit externe Applikationen einbinden zu können.

PPS Mit dem Modul Sachmerkmalsleisten[6] Teile-Stammsatz-System (TTS). Das PPS-System muß über eine externe Schnittstelle zur Programm-zu-Programm Verbindung besitzen.

ZVS Mit dem Ziel, CAD-Zeichnungen über eine zentrale Zeichnungsverwaltung (ZVS) zu erfassen.

All diese Softwarekomponenten müssen miteinander im Online-Pogrammverbund kommunizieren können. Diese Kommunikation ist auf die folgenden zwei Arten zu erreichen:

1. Einbindung externer Applikationen in das CAD-Kernelprogramm.

2. Kommunikation mit einem externen Programm (Programm-zu-Programm Kommunikation).

1.5.3 Grundfunktionen

Bei der Auswahl eines PPS-Systems das an ein CAD-System angebunden werden soll muß darauf geachtet werden, daß das PPS-System die für den Konstrukteur notwendigen PPS-Grundfunktionen bietet. Fehlende Grundfunktionen würden Nacharbeit mit sich bringen und damit eine geringe Akzeptanz bei den Benutzern hervorrufen.

Für einen sinnvollen und effektiven Einsatz einer CAD-PPS-Kopplung sollte das PPS-System folgende Grundfunktionalität besitzen:

* Ein Teilestammsatz-System (TTS) mit der Möglichkeit alle für das Unternehmen erforderlichen Daten eines Teils anzulegen und zu verwalten.

* Das Stücklistenmodul (Bill of Material kurz BOM) zum Anlegen und Verwalten von Stücklisten, womit ein hoher Automatisierungsgrad der Stücklisten für typisierte Erzeugnisse erreichbar ist.

---

[6]In einer Sachmerkmalsleiste wird ein Gegenstand durch mehrere Sachmerkmale beschrieben

1.5.4 Zentrale Steuerung mittels eines ZV-Systems

Das Zeichnungsverwaltungsmodul (ZVS) dient in erster Linie der Verwaltung von Zeichnungen aller Art. In der Zeichnungsverwaltung werden die üblichen Aktionen wie: Suchen, Kopiern, Löschen, Ändern usw. von CAD-Zeichnungen bereitgestellt.

Durch ihre zentrale Lage ist die Zeichnungsverwaltung ein idealer Ort um eine CAD-PPS-Kopplung aufzunehmen. Alle Bausteine verschmelzen in der Zeichnungsverwaltung miteinander und bilden damit für den Benutzer ein ideales CAE-Arbeitsumfeld bei der täglichen Arbeit am CAD-Arbeitsplatz.

1.6 Einführung in SAP R/2 und R/3

Das SAP R/2 oder R/3 von der SAP AG Walldorf, bildet ein Softwaresystem zur betrieblichen Informationsverarbeitung. Wesentlicher Unterschied der Systeme R/2 und R/3 ist ihre Architektur. Das R/2-System basiert noch auf einer proprietären Mainframearchitektur besitzt jedoch denselben Funktionsumfang wie das R/3-System, welches mit einer modernen Client/Server-Architektur versehen ist. Wesentliche Merkmale der Systeme sind die umfangreiche Funktionalität der betriebswirtschaftlichen Anwendungen, das Abbilden unterschiedlichster Geschäftsprozesse und die internationale Einsatzfähigkeit. Das R/3-System unterscheidet sich durch die Offenheit und Unterstützung verteilter Anwendungen vom R/2-Sytsem.

1.6.1 Vollständige Infrastruktur von SAP R/2 und R/3

Die Systeme R/2 und R/3 bilden eine vollständige Infrastruktur für die betriebliche Informationsverarbeitung. Sie beinhalten ausgereifte betriebswirtschaftliche Standardanwendungen, sowie Werkzeuge für die Einführung und für die Steuerung und Überwachung der Systeme im laufenden Betrieb. Die Standard-Anwendungen werden mit der in das System integrierten ABAP/4 Development Workbench entwickelt, die auch für die Realisierung individueller Lösungen und die Erweiterung vorhandener Anwendungen zur Verfügung steht.

Die Systeme R/2 und R/3 beinhalten folgende *Standardanwendungen*:

- Finanzwesen, Controlling, Anlagenwirtschaft
- Vertrieb, Materialwirtschaft, Produktionsplanung
- Qualitätsmanagement, Instandhaltung
- Projektmanagement
- Personalwirtschaft

Auf der Basis der Standardanwendungen sind *Branchen-Lösungen* für spezielle Wirtschafts-bereiche vorhanden. *Branchen-Lösungen* sind:

- Haushaltsmanagement, kameralistische[7] Buchführung

- Krankenhausverwaltung

- Anzeigenverwaltungs- und Vertriebssystem für Zeitungs- und Zeitschriftenverlage

- Vermögensverwaltung für Versicherungs- und Finanzdienstleistungsunternehmen

- Branchenlösung Bankwesen

- Branchenlösung Ölindustrie

- Produktionsplanung für die prozeßorientierte Industrie

1.6.2 Portabilität der Systeme

Aufgrund seiner mehrstufigen Architektur sind die SAP-Systeme auf fast allen Rechnerplatt-formen verfügbar. Der hohe Grad der Portabilität erlaubt es verschiedene Rechnersysteme (Workstations, PCs oder Mainframes), verschiedene Betriebssysteme (zum Beispiel IBM-AIX, Open VMS oder Windows NT) und verschiedene Datenbanksysteme (zum Beispiel Informix oder Oracle) zu unterstützen.

1.6.3 Anpassungsfähigkeit der SAP-Systeme R/2 und R/3

Die Forderung nach schneller Anpassungsfähigkeit an veränderbare Geschäftsprozesse erfüllt das SAP-System durch das *Customizing*. Es ist Bestandteil des Systems und dient zur Konfi-guration der Software, ohne das Programm zu ändern. Das *Customizing* dient beispielsweise zur Anpassung der Arbeitsabläufe eines bestimmten Produktes oder der Konfiguration des CAD-Interfaces[8].

Bemerkung 1.1: Im Rahmen dieser Diplomarbeit mußte die Einarbeitung in die Vorge-hensweise zur Konfiguration des CAD-Interface über das *Customizing* erfolgen.

1.6.4 Client/Server-Prinzip von R/3

Die R/3-Architektur basiert auf dem Software-orientierten mehrstufigen Client/Server-Prin-zip. Das bedeutet, das System R/3 ist stark modularisiert und verfügt über Methoden zur Steuerung von Auftragnehmer / Auftraggeber-Beziehung zwischen einzelen Software-modulen. Damit können dedizierte, durch Kommunikationsnetze verbundene Server für be-stimmte Aufgaben eingesetzt werden, ohne daß die Integration von Daten und Prozesse im Gesamtsystem verlorengehen.

---

[7]staatswissenschaftliche
[8]Das CAD-Interface ist eine Programmschnittstelle von der SAP AG Walldorf. Ein ausführliche Beschrei-bung des Interfaces erfolgt in Kapitel 2.4.

1.6.5 Offenheit des R/3-Systems

Die Offenheit des Systems wird durch die konsequente Orientierung der Softwareentwicklung an international anerkannten Standards gewährleistet. Das System R/3 nutzt u.a. folgende offene Schnittstellen:

CPIC-Schnittstelle: Die CPIC-Schnittstelle (siehe Kapitel 2.3.1) kann für eine Programm-zu-Programm-Kommunikation über Rechnergrenzen hinweg eingesetzt werden.

Remote Function Call (RFC): Der Remote Function Call bildet die offene Programmierschnittstelle des Systems R/3. Anwendungs-Funktionen können damit auf anderen Systemen aufgerufen werden.

Kommunikationsmodul für Fremdsysteme: Diese Schnittstelle dient zur Anbindung externer Subsysteme an das R/3-System. Das Kommunikationsmodul unterstützt den Datenaustausch zwischen SAP und externen Systemen.

Queue Application Programming Interface (Q-API): Es handelt sich um einen Satz von Funktionen, mit denen Daten temporär in eine Datenbankschlange gestellt werden können. Die anschließende Verarbeitung der Daten erfolgt durch ein asynchron ablaufendes Programm.

Bemerkung 1.2: Zur Anbindung externer Programme an das SAP-System ist die Definition sogenannter *Applikationen* möglich. Solche Applikationen können ein Textverarbeitungssystem (zum Beispiel MS-Word für Windows) oder ein CAD-System sein.

1.6.6 Verteilte Anwendungen mit dem R/3-Sytsem

Für sehr viele Unternehmen besteht die technische und wirtschaftliche Notwendigkeit, Anwendungssysteme zu entkoppeln, um sie dezentral und technisch unabhänig zu betreiben. Dabei darf die betriebswirtschaftliche Integration von Geschäftsprozessen und die Konsistenz der Daten auch über Systemgrenzen hinweg nicht verlorengehen. Mit den Möglichkeiten verteilter Datenbanken ist die Verarbeitung komplexer Objekte, die sich in unterschiedlichen Systemen befinden, kaum realisierbar. Durch den Einsatz des ALE-Konzeptes (Application Link Enabling) wird ein asynchron gekoppelter Anwendungsverbund möglich, in dem SAP-Systeme und andere Systeme konsistent kooperieren können.

Kapitel 2

Das Produktionsplanungssystem SAP

In diesem Kapitel werden Themen aus dem SAP-Umfeld erläutert, welche für die Konzeption und Realisierung dieser Diplomarbeit benötigt wurden. Dazu gehöhren:

- Aufbau der SAP-Unternehmensstruktur

- Die SAP-Materialwirtschaft

- Kommunikationsmöglichkeiten mit dem SAP-System

- Funktionsweise des CAD-Interface

- Die Funktionsweise der Toolbox

2.1 SAP Unternehmensstruktur

Um den unterschiedlichen organisatorischen Anforderungen der einzelen Unternehmen gerecht zu werden, ermöglicht das R/2 oder R/3-System eine flexible Gestaltung der Organisation. Bei der Einführung des SAP-Systems in einem Unternehmen wird die Organisation des Systems so genau wie möglich auf die Unternehmensstruktur zugeschnitten. Diese Verfahren gewährleistet einen hohen Grad an wirklichkeitsgetreuer Abbildung der realen betrieblichen Verhältnisse in einem Datenmodell.

Eine Unternehmensstruktur wird im SAP-System durch verschiedene *organisatorische Einheiten* abgebildet. Die Beschreibung dieser *organisatorischen Einheiten* erfolgt in den folgenden Unterkapiteln.

2.1.1 Mandant

Ein *Mandant* ist ein juristisch und organisatorisch eigenständiger Teilnehmer am System; eine Gruppierung oder ein Zusammenschluß von rechtlichen, organisatorischen, betriebswirtschaftlichen und / oder administrativen Einheiten mit einem gemeinsamen Zweck [11].

Im Allgemeinen versteht man unter einem *Mandanten* den Konzern. Als Beispiel kann man sich die Daimler-Benz AG vorstellen.

2.1.2 Buchungskreis

Ein *Buchungskreis* stellt eine rechtliche selbständig, gemäß den gesetzlichen Vorschriften bilanzierende Einheit innerhalb eines Mandanten dar [11]. Auf der Ebene des *Buchungskreises* wird die vom Gesetzgeber geforderte Bilanz sowie die Gewinn- und Verlustrechnung erstellt. Für jeden Mandanten können mehrere selbständige Unternehmen gleichzeitig geführt werden. *Buchungskreise* können Firmen und Tochtergesellschaften wie zum Beispiel Mercedes-Benz oder Dornier sein.

2.1.3 Werk

Ein Werk ist eine Betriebsstätte oder Niederlassung innerhalb eines Unternehmens [11]. Übliche *Werke* sind Produktionsstätten, Außenstellen oder Filialen. Das Unternehmen Mercedes-Benz besitzt zum Beispiel Produktionsstätten in den Städten Weil und Berlin.

2.1.4 Lagerort

Ein *Lagerort* ist innerhalb eines Werkes die Zusammenfassung von Lagerplätzen, welche gemeinsam verwaltet werden. *Lagerorte* können zum Beispiel sein:

- Hochregallager

- Kühlhäuser

- Silo

2.1.5 Einkaufsorganisation

Eine *Einkaufsorganisation* ist eine organisatorische Einheit, die Materialien oder Dienstleistungen für alle untergeordneten Einheiten beschafft und allgemeine Einkaufskonditionen mit den Lieferanten für mehrere Werke aushandelt [11].

2.1.6 Verkaufsorganisation

Eine *Verkaufsorganisation* ist eine organisatorische Einheit, die Materialien oder Dienstleistungen vertreibt und Verkaufskonditionen aushandelt [11]. Durch die *Verkaufsorganisationen* kann eine Unterteilung des Marktes abgebildet werden. Zum Beispiel nach regionalen Gesichtspunkten oder Branchengesichtspunkten. Die Abwicklung der Geschäftsvorfälle des Vertriebes erfolgen innerhalb der *Verkaufsorganisation*. Es besteht die Möglichkeit, eine *Verkaufsorganisation* weiter in Vertriebswege und Sparten zu unterteilen.

2.1.7 Hierarchische Unternehmensstruktur

Die im SAP-System abgebildete Unternehmensstruktur ist hierarchisch aufgebaut. Auf der obersten Stufe ist der Mandant, der mehrere Buchungskreise umfassen kann. Einem Buchungskreis können merhere Werke zugeordenet sein, die wiederum verschiedene Lagerorte umfassen können. In der Regel genügt ein Mandant pro SAP-System um die komplette Unternehmensstruktur abzubilden. In der Praxis existieren jedoch auch andere Ansätze, bei denen ein SAP-System mehrere Mandanten besitzt.

In folgender Abbildung wird die SAP-Unternehensstruktur anhand eines vereinfacht dargestellten Beispiels der Daimler-Benz AG nochmals grafisch veranschaulicht.

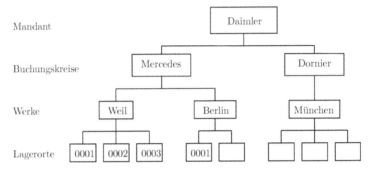

Abbildung 2.1: SAP-Unternehmensstruktur

Die Werke müssen über alle Buchungskreise hinweg immer eindeutig durchnumeriert sein, das heißt Werke zweier Buchungskreise können nicht dieselbe Nummer tragen. Die Numerierung der Lagerorte dagegen kann sich innerhalb verschiedener Werke wiederholen.

2.2 SAP Materialwirtschaft

Die Materialwirtschaft (MM) ist Bestand des SAP-Systems als Teil der Logistik. Wichtige Komponenten der Materialwirtschaft sind die Grunddaten. Diese dienen zur Erfassung von Daten für das gesamte Unternehmen.

Die wichtigsten Grunddaten der Materialwirtschaft sind:

- Materialstammdaten

- Dokumente

- Equipment

- Stücklisten

2.2.1 Materialstamm

Definition 2 [12] *Der Materialstamm ist die Gesamtheit aller Informationen über sämtliche Materialien, die ein Unternehmen beschafft, fertigt, lagert und verkauft. Für das Unternehmen stellt der Materialstamm die zentrale Quelle zum Abruf materialspezifischer Daten dar. Der Materialstamm wird von sämtlichen Komponenten des PPS-Systems genutzt. Durch die Integration aller Materialdaten in einem einzigen Datenbankobjekt entfällt das Problem der Datenredundanz. Es besteht die Möglichkeit, daß die gespeicherten Daten von allen Bereichen wie Einkauf, Bestandsführung, Disposition, Rechnungsprüfung usw. gemeinsam genutzt werden.*

Die Verwaltung von Materialstammdaten erfolgt hierarchisch. Die gesamte Unternehmensstruktur wird auf die Materialstammdaten abgebildet. Für jede Organisationsebene sind nur bestimmte Daten des Materialstammsatzes sichtbar. Als Beispiel sind auf der Mandantenebene (Wurzel der Unternehmensstruktur) nur allgemeine, für den ganzen Konzern geltende Daten wie Warengruppe, Basismengeneinheit, Materialkurztext, usw. zu pflegen.

2.2.1.1 Daten im Materialstammsatz

Jeder Materialstammdatensatz beinhaltet Daten aus den verschiedenen Fachbereichen eines Betriebes. Jeder Fachbereich hat seine eigene Sicht und Verantwortung auf einen Materialstammsatz. Aus der Sicht der Konstruktion werden technische Daten zur Konstruktion eines Materials erfaßt, wie zum Beispiel: Abmessungen des Materials.

Insgesamt gibt es folgende Fachbereiche im SAP-System: Arbeitsvorbereitung, Buchhaltung, Disposition, Einkauf, Fertigungshilfsmittel, Kalkulation, Klassifizierung, Konstruktion, Lagerung, Lagerverwaltung, Prognose, Qualitätsmanagement und Vertrieb.

2.2.2 Dokument

Definition 3 [12] *Ein Dokument ist ein Informationsträger mit darauf festgelegter Information, die entweder für den Sachbearbeiter oder zum Austausch zwischen Systemen bestimmt ist. Für ein Dokument wird im SAP-System ein Dokumentinfosatz gepflegt, der Angaben über den Bearbeitungszustand, den Ablageort sowie weitere Verwaltungsdaten enthält.*

In Abhängigkeit der Dokumentenart werden unterschiedliche Dokumente verwaltet (wie technische Zeichnungen, Grafiken, Programme oder Textdokumente), die in ihrer Gesamtheit ein Objekt beschreiben können.

2.2.2.1 Materialien Dokumente zuordnen

Zu einem Material kann es verschiedene Unterlagen geben, wie zum Beispiel Konstruktionszeichnungen oder Fotos. Die meisten Unterlagen liegen in Form von Rastergrafiken vor. Eine Rastergrafik selbst kann im SAP-System nicht direkt, sondern nur in Verbindung mit einem

SAP-Dokument verwaltet werden. Dem Dokument kann über eine Archivlinkschnittstelle[1] eine Rastergrafik zugewiesen werden.

Um diese Unterlagen / Dokumente einem Materialstamm zuzuordnen besteht die Möglichkeit, Beziehungen zwischen Dokumenten und Materialstämmen zu erstellen. Es können 1:n oder n:m Beziehungen zwischen Dokumenten und Materialien bestehen. Folgende Abbildung veranschaulicht die möglichen Beziehungen zwischen Dokumenten und Materialstammsätzen.

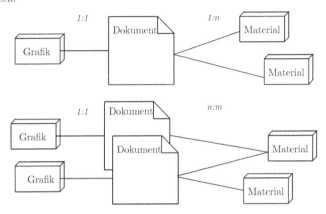

Abbildung 2.2: Beziehungen zwischen Dokumenten und Materialstämmen

Über diese Zuordnungen ist es also möglich, Informationen aus Fremdsystemen einem Materialstammsatz im SAP zuzuordnen. Fremdsysteme können zum Beispiel ein Textverarbeitungsprogramm oder ein CAD-Programm sein. Damit bietet das SAP-System die Möglichkeit, Informationen aus Fremdsystemen in das System zu integrieren.

2.2.3 Equipment

Definition 4 [12] *Ein Equipment ist ein individueller, körperlicher Gegenstand, der eigenständig instandzuhalten ist und der in eine technische Anlage oder einen Anlagenteil eingebaut sein kann. Mit den Equipments können alle möglichen Arten von Gegenständen verwaltet werden (zum Beispiel Produktionsmittel, Transportmittel, Fertigungshilfsmittel).*

---

[1]Diese Schnittstelle kann zur Archivierung verschiedener Rastergrafiken im einem externen Archiv verwendet werden.

2.2.4 Stückliste

Definition 5 [12] [2] *Die Stückliste ist ein für den jeweiligen Zweck vollständiges, formal aufgebautes Verzeichnis für einen Gegenstand, das alle zugehörenden Gegenstände unter Angabe von Bezeichnung, Sachnummer, Menge und Einheit enthält. Als Stückliste werden nur solche Verzeichnisse bezeichnet, die sich auf die Menge größer als Null eines Gegenstandes beziehen.*

Für eine integrierte Materialwirtschaft und Fertigungsplanung enthalten Stücklisten wesentliche Grund- und Stammdaten. In der Konstruktionsabteilung erfolgt für ein neu zu produzierendes Produkt die fertigungsgerechte und funktionsfähige Gestaltung. Das Ergebnis dieser Produktphase sind Zeichnungen und eine Aufstellung über alle benötigten Teile, welche in der Stückliste ihren Niederschlag finden.

Jedes Produkt kann in seinem Aufbau durch eine Stückliste hierarchisch aufgebaut sein. Die produktspezifischen Eigenschaften sind im System durch die Wahl der *Stücklistenart* und des *Stücklistentypes* festzulegen. SAP unterscheidet drei *Arten* von Stücklisten nach ihren Positionstypen:

- Materialstückliste

- Dokumentstückliste

- Equipmentstückliste

2.2.4.1 Arten von Stücklisten

Die Art der Stückliste gibt an aus welchen Positionen eine Stückliste besteht. Zu allen wesentlichen Bestandteilen der Materialwirtschaft können Stücklisten angelegt werden.

2.2.4.1.1 Materialstückliste

Eine Stückliste, die zu einem Materialstammsatz angelegt wird, bezeichnet man als *Materialstückliste*. Der Materialstammsatz enthält beispielsweise als beschreibende Daten die Größe, die Abmessung und das Gewicht und als Steuerungsdaten die Materialart und die Branche. Neben diesen Daten, die direkt vom Benutzer zu pflegen sind, gibt es Daten, welche das System vorschreibt, wie die Bestände. In der Regel stellen diese *Materialstücklisten* den Aufbau von Erzeugnissen dar, die ein Unternehmen produziert.

2.2.4.1.2 Dokumentstückliste

Ein Dokument kann aus mehreren Dokumenten zusammengesetzt sein, wie zum Beispiel Zeichnungen, Texte und Bilder. Bezüge zwischen diesen Dokumenten sind über die *Dokumentenstückliste* zu erstellen.

---

[2]Definition nach DIN 1999 Teil 2, Nr. 51

2.2.4.1.3 Equipmentstückliste

Equipmentstücklisten sind zu verwenden, um den konstruktiven Aufbau eines Equipments zu beschreiben. Dabei werden die Ersatzteile für Instandhaltungszwecke einem *Equipment* zugeordnet. Die Verwaltung der *Equipmententstückliste* erfolgt auf Mandantenebene.

2.2.4.2 Typen von Stücklisten

Die verschiedenen Arten von Stücklisten können in ihrem Aufbau durch folgende *Typen* von Stücklisten variieren:

- Variantenstückliste

- Mehrfachstückliste

- Rekursive Stückliste

Die einzelnen *Typen* unterscheiden sich in ihrem strukturellen Aufbau. Jeder Typ besitzt intern eine bestimmte Datenstruktur.

2.2.4.2.1 Die Variantenstückliste

Sie ist geeignet um ähnlich aufgebaute Erzeugnisse zu erfassen. Bei der Erstellung einer *Variante* wird eine bestehende Stückliste nur um eine *Variante* erweitert.

Beispiel 2.1: Ein Herrenfahrrad wird in den Farben rot, grün und blau produziert. Die Stückliste unterscheidet sich jeweils nur in den farbabhänigen Bauteilen. Alle anderen Teile bleiben unverändert. Für diesen Fall eignet sich demnach die Variantenstückliste.

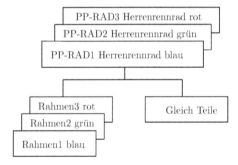

Abbildung 2.3: Variantenstückliste

2.2.4.2.2 Die Mehrfachstückliste

Sie dient zur Beschreibung alternativer Produktionsverfahren eines Produkts. Dabei wird
eine bestehende Stückliste nur um eine Alternative erweitert.

Beispiel 2.2: Bei der Farbherstellung erhält man durch Alternative Zusammensetzungen von Farb-
pigmenten, Lösungsmittel und Wasseranteilen unterschiedliche Farbtöne.

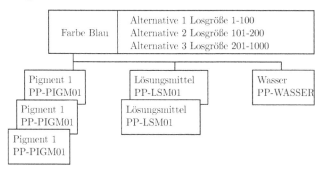

Abbildung 2.4: Mehrfachstückliste

2.2.4.2.3 Rekursive Stückliste

Diese liegt vor, wenn das Erzeugnis eine Komponente mit der gleichen Objektnummer enthält.

Beispiel 2.3: Diese Situation ergibt sich in der Farbherstellung. Hier wird als Komponente eine
Restmenge der zu produzierende Farbe hinzugemischt.

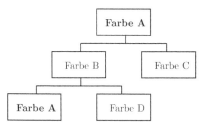

Abbildung 2.5: Rekursive Stückliste

2.3   Kommunikation mit SAP

SAP ist in der Lage, mit sogenannten *Subsystemen* zu kommunizieren. Ein Subsystem kann ein weiteres SAP-System in einem Rechnernetz oder ein externes Programm sein. Über diese Subsysteme kann ein SAP-System mit verschiedenen Schnittstellen zur Erweiterung des Workflows versehen werden. Dies eröffnet die Möglichkeit, individuelle Softwarelösungen an ein SAP-System anzubinden. Diese *Subsysteme* können auf verschiedenen Plattformen liegen und unter heterogenen Betriebssystemen laufen.

In den folgenden Unterkapiteln erfolgt die Beschreibung welche Hard- und Softwarekomponenten zur Kommunikation zwischen SAP und einem *Subsystem* benönigt werden.

2.3.1   Kommunikationsbasis CPIC

Das COMMON PROGRAMMING-INTERFACE kurz CPIC stellt eine konsistente Aufrufschnittstelle für Anwendungen dar, die eine direkte Programm-zu-Programm-Kommunikation durchführen. CPIC wurde erstmals 1987 von IBM im Rahmen der SAA-Norm als standardisierte Kommunikationsschnittstelle definiert.

CPIC arbeitet im *two-way-alternate mode* (halbduplex), d.h. zu einem Zeitpunkt hat nur einer der Kommunikationspartner die Berechtigung Daten zu senden. Beide Kommunikationspartner müssen aus diesem Grund vereinbaren, wie der Wechsel zwischen Senden und Empfangen aufgebaut sein soll. Der wesentliche Vorteil von CPIC besteht darin, daß die gemeinsame Schnittstelle eine leichte Portierbarkeit von Programmen auf verschiedenen Systemplattformen ermöglicht.

Die Kommunikationsschnittstelle CPIC erfüllt im wesentlichen folgende Anforderungen der Programm-zu-Programm Kommunikation:

Kommunikationsaufbau: Initialisierung der Kommunikationsparameter über sogenannte *Sideinformationen* und Aufbau einer logischen Verbindung *(session)*.

Datenaustausch: Senden und Empfangen von Datenströmen.

Datenkonvertierung: Konvertierung von Daten: ASCII ↔ EBCDIC. Die Datenkonvertierung wird insbesonders in einer heterogenen Kommunikationsumgebung (zum Beispiel Mainframe mit Workstation) benötigt.

Kommunikationssteuerung: Anfordern und Senden von Daten. Innerhalb der Kommunikationssteuerung wird auch die Syschronisation der beiden Partner durchgeführt.

Kommunikationsabbau: Kontrolliertes Beenden einer aufgebauten Verbindung zur Konsistenzsicherung des Datenbestandes.

CPIC kann auf verschiedenen Kommunikationsprotokollen basieren. Als Standardprotokoll unterstützt CPIC LU6.2 und TCP/IP.

2.3.2 Hardwarekomponenten

Das Produktionsplanungssystem SAP ist auf den folgenden Hardwareplattformen verfügbar, wobei alle Plattformen für die Kommunikation sowohl der SAP-Server als auch der Subsystem-Client sein können:

- IBM-Host

- Siemens BS2000-Host

- Workstation (mit Betriebssystem Unix)

- PC[3] (mit den Betriebssystemen DOS oder OS/2)

2.3.3 Softwarekomponenten

Für die Kommunikation zwischen einem SAP-System und einem externen Programm sind folgende SAP-Softwarekomponenten einzusetzen:

- Die CPIC-Schnittstelle

- CAD-Interface (siehe Kapitel 2.4)

2.3.4 Konstellationen

Die CPIC C-Schnittstelle unterstützt bei der Programm-zu-Programm-Kommunikation die folgenden Konstellationen:

- R/2 ↔ C-Programm: Ein proprietäres R/2-System kommuniziert mit einem C-Programm.

- R/2 ↔ R/2: Zwei proprietäre Großrechnersysteme können in beide Richtungen miteinander kommunizieren.

- R/2 ↔ R/3: Ein SAP R/2-System kommuniziert mit einem SAP R/3-System.

- R/3 → R/2: Ein R/3-System kann Daten an ein R/2-System auf einem Mainframe senden.

- R/3 ↔ R/3: Zwei SAP R/3-Systeme können in beiden Richtungen kommunizieren.

- R/3 → C-Programm: Ein SAP R/3-System kann externe C-Programme auf einem beliebigen Rechner in einem Netzwerk aufrufen.

- C-Programm ↔ R/2 oder R/3: Ein externes C-Programm ist über die CPIC C-Schnittstelle in der Lage, sowohl mit einem R/2 wie auch mit einem R/3-System zu kommunizieren.

---

[3]Auf PCs ist SAP nur als Client verfügbar

• Kommunikation zwischen C-Programmen: Mit der CPIC-Schnittstelle ist auch eine reine C-Programmkommunikation möglich.

Bemerkung 2.1: In allen Fällen erfolgt die Kommunikation über den SAP-Gateway[4] oder auch CPIC-Handler.

2.3.5 Kommunikationsprotokolle

Je nachdem welche Konstellation benutzt wird, ist ein entsprechendes Kommunikations-Protokoll zu benutzten. SAP unterstützt folgende Protokolle:

• SNA-LU6.2: Für den Fall, daß sich das SAP-System auf einem Großrechner befindet (SAP R/2).

• TCP/IP: Dieses Protokoll ist einzusetzen falls es sich beim einzusetzenden SAP-Server um ein R/3-System handelt.

2.3.5.1 Kommunikation mit SNA-LU6.2

Bei den folgenden Konstellationen innerhalb der „Großrechnerwelt" wird das Protokoll SNA-LU6.2 benötigt:

• R/2 ↔ R/3

• R/2 ↔ Externes Programm

2.3.5.2 Kommunikation mit TCP/IP

Bei den folgenden Konstellation basiert die Programm-zu-Programm-Kommunikation auf dem Transportprotokoll TCP/IP:

• R/3 ↔ R/3

• R/3 ↔ Externes Programm

• R/3 oder externes Programm ↔ R/2 unter BS2000[5]

---

[4]Zugang zu homogenen Systemen und Netzen. Ein Gateway als intelligente Schnittstelle hat die Aufgabe, Nachrichten von einem Rechnernetz in ein anderes zu übermitteln, wobei vor allem eine Protokoll-konvertierung notwendig ist. Das Gateway konvertiert bis zu 7 Schichten des ISO/OSI-Modells und bietet damit die Möglichkeit, vollständig verschiedene LANs miteinander zu verbinden.

[5]Betriebssystem der Firma Siemens für Siemens Großrechner

2.3.6 Voraussetzungen zum Datenaustausch

Um vom CAD-System über das CAD-Interface auf ein SAP-System zugreifen zu können, müssen folgende Voraussetzungen erfüllt sein:

- Das SAP muß aktiviert sein.

- Im SAP-System muß ein CPIC-Benutzer[6] angelegt sein. Für diesen CPIC-Benutzer sind dieselben Berechtigungen vergebbar wie für einen gewöhnlichen SAP-Benutzer. Damit wird die Konsistenz des SAP-Berechtigungssystems auch bei Zugriff über die Dialogschnittstelle gewährleistet.

- Alle hard- und softwaremäßigen Voraussetzungen zur Datenübertragung müssen erfüllt sein (Gateway aktiviert).

2.3.7 Regeltabellen

Im SAP-System gibt es einige Regeltabellen, in denen Parameter für das CAD-Interface einzustellen sind. Dies muß vor der Arbeit mit der Schnittstelle im SAP-Customizing geschehen. Diese Regeltabellen sind jeweils für einen SAP-Mandanten anzulegen. Die wichtigsten Regeltabellen sind in folgenden Kapiteln beschrieben.

2.3.7.1 Tabelle TCIS

Diese Tabelle beschreibt zum einen allgemeine Übertragungsparameter und zum anderen Einstellungen zu SAP-spezifischen Funktionen. Das CAD-Interface benötigt die Übertragungsparameter für die CPIC-Schicht. Sie stellen die Konfiguration der Basisparameter für eine Programm-zu-Programm-Kommunikation dar.

Die funktionsspezifischen Parameter legen bestimmte Verhaltenweisen des CAD-Interface fest, wie zum Beispiel die Einstellung, ob eine automatische Materialnummervergabe beim Anlegen eines Materialstammsatzes über das Interface möglich ist. Die einzelnen Paramter der Tabelle TCIS sind:

Maximale Anzahl zu übertragender Datensätze: Dieser Parameter gibt an, wieviel Datensätze maximal bei einer Übertragung gesendet / empfangen werden können. Bei einer Übertragung von n Datensätze und einer maximalen Anzahl zu übertragender Datensätze von m errechnet sich im Falle von $n > m$ (der Fall $n \leq m$ ergibt stets genau eine Übertragung) die Anzahl der benötigten Übertragungsschritte u wie folgt:

$$u = \begin{cases} [\,n/m\,] & \text{falls } n \bmod m \equiv 0 \\ [\,n/m\,] + 1 & \text{sonst} \end{cases} \tag{2.1}$$

---

[6]Ein CPIC-Benutzer ist ein „normaler" SAP-Benutzer, mit dem Zugriffe auf SAP jedoch nur über den CPIC-Handler möglich sind.

Die Wahl des Parameters m beeinflußt im wesentlichen die Übertragungsgeschwindigkeit. Ist der Wert für m zu groß, wird die Übertragungsgeschwindigkeit geringer. Ist m zu klein wird die Geschwindigkeit der einzelen Übertragung größer, jedoch müssen eventuell zu viele Übertragunsschritte ausgeführt werden, so daß die Gesamtzeit der Übertragung wiederum groß ist. SAP empfiehlt, den Parameter m auf 50 zu setzen.

Separator der Datenfelder: Hier wird ein Trennzeichen zwischen den einzelen Datenfelder innerhalb eines Übertragungsblocks definiert. Als Trennzeichen sollten nur Zeichen Verwendung finden welche nicht in Datenfelder enthalten sind, wie zum Beispiel das Trennzeichen "?".

Hex-Code: Das oben definierte Trennzeichen muß hier hexadezimal im ASCII-Code eingetragen sein. Das Trennzeichen "?" hat im ASCII-Code den hexadezimalen Wert = 3f.

OCS Message Transmission (OCS): Dieser Parameter ermöglicht es, Nachrichten an andere Benutzer über das CAD-Interface zu versenden.

$$OCS = \begin{cases} \text{Keine Nachricht} & \text{falls Wert = ' '} \\ \text{Senden einer Nachricht} & \text{falls Wert = 'X'} \end{cases}$$

Maximale Länge des Sendestrings: Gibt die maximale Länge des Sendestrings an, der zur Übertragung von Daten zwischen dem externen System und SAP benötigt wird. Die Länge ist aus technischen Gründen auf 25000 Byte begrenzt. Es sollte bei der Wahl dieses Wertes darauf geachtet werden, daß der Wert nicht einen zu kleinen Wert annimmt. Dadurch könnten zu viel Übertragungsschritte bei einem Kommunikationsschritt nötig sein.

Material Master Record Internal (MMRI): Dieser Wert legt fest, ob beim Anlegen eines Materialstammsatzes mittels des CAD-Interface eine Materialnummernvergabe von SAP-System vorgenommen werden kann (interne Nummernvergabe) oder nicht.

$$MMRI = \begin{cases} \text{Keine interne Vergabe} & \text{falls Wert = ' '} \\ \text{Interne Vergabe möglich} & \text{falls Wert = 'X'} \end{cases}$$

Material Master Record external (MMRE): Der Parameter MMRE erlaubt oder verhindert die externe Vergabe von Materialnummern durch das CAD-Interface.

$$MMRE = \begin{cases} \text{Keine externe Veragbe} & \text{falls Wert = ' '} \\ \text{Externe Vergabe möglich} & \text{falls Wert = 'X'} \end{cases}$$

Log: Der Log-Parameter ermöglicht es, Tabellen auf die das CAD-Interface zugreift, exclusiv für ein Programm zu sperren. Um Dateninkonsistenz zu vermeiden, ist es sinnvoll diesen Parameter zu setzen.

Bemerkung 2.2: Die Parameter MMRI und MMRE treffen entsprechend auf die SAP-Objekte Equipment und Dokument zu.

2.3.7.2 Tabelle TCIC

Alle Standardfunktionen sind im SAP-System intern codiert und sind durch die Angabe eines zur Funktion gehörenden *Prozeßcodes* (kurz *Pcode*) und eines *Unterprozeßcodes* (kurz *Scode*) anzusprechen. Diese *Codes* sind in der Tabelle TCIC abgelegt. Nur eingetragene *Codes* sind über das CAD-Interface ansprechbar. Damit besteht die Möglichkeit, dem Anwender nur eine Untermenge der vorhandenen Funktionen zur Verfügung zu stellen. Weiterhin sind Einträge vorhanden, welche die Funktionen textlich beschreiben. Die Tabelle 2.1 zeigt einige Inhalte von TCIC.

Pcode	Subcode	Beschreibung
MATRQ	MR	Anfordern eines Materialstammsatzes
MATRQ	RL	Anfordern eines Materialstammsatzes mit Matchcode
MATCR	MR	Erzeugen eines Materialstammsatzes
...	...	...

Tabelle 2.1: Regeltabelle TCIC

2.3.7.3 Tabelle TCIU

Diese Regeltabelle beschreibt eine Datenmenge, die einem *Upload* zur Verfügung stehen. Ein *Upload* ist die Übertragung von Daten in das SAP-System ("U" ist das Kurzzeichen für diese Übertragungsrichtung).

$$\text{SAP} \longleftarrow \text{externes System}$$

Alle Felder (*Feldname*), die der Übertragungsrichtung "U" zur Verfügung stehen, sind hier aufgeführt. Über einen *Setnamen* lassen sich mehrere Felder zu einer Menge von *Feldnamen* zusammenfassen. Bei der Zuordnung eines *Feldnamens* zu einem *Setnamen* ist die gewünschte Länge des Feldes anzugeben. Diese ist abweichend zur maximalen Längendefinition aus dem Data-Dictionary[7] angebbar. Tabelle 2.2 zeigt beispielsweise die Inhalte, welche für die Anforderung eines Materialstammsatzes definiert wurden.

Setname	Feldname	Länge
MTRQDAT	MATERIAL	18
MTRQDAT	PLANT	04
MTRQDAT	LVL_STORE	01
...	...	...

Tabelle 2.2: Regeltabelle TCIU

---

[7]Datenbankkatalog des Datenbanksystemes, in dem die Definitionen von Daten, Tabellen und Tabellenbeziehungen hinterlegt sind.

2.3.7.4 Tabelle TCID

Mit der Regeltabelle TCID wird ein Datenmenge beschrieben, die einem *Download* zur Verfügung steht. Ein *Download* ist die Übertragung von Daten aus einem SAP-System in ein externes System ("D" ist das Kurzzeichen für diese Übertragungsrichtung).

$$SAP \longrightarrow externes~System$$

Alle Felder (*Feldname*), die der Übertragungsrichtung "D" zur Verfügung stehen, sind hier aufgeführt. Damit sind dem SAP-System alle Felder bekannt, die es an ein externes Programm senden kann. Der Aufbau der Regeltabelle TCID ist mit dem von TCIU identisch.

Setname	Feldname	Länge
MTRQDAT	INDUSTRY	01
MTRQDAT	DESCRIPT_M	40
MTRQDAT	BASE_UNIT	03
...	...	...

Tabelle 2.3: Regeltabelle TCID

2.3.7.5 Tabelle TCIM

Die Aufgabe der Tabelle TCIM besteht darin, die oben definierten *Prozeßcodes* (aus Tabelle TCIC) und die *Setnamen* für den Download (Tabelle TCID) oder Upload (Tabelle TCIU) zu verbinden. Dies erfolgt mit Hilfe eines *virtuellen CAD-Systems*, genannt *CADSYS*. Die Zuordnungen sind in folgender Tabelle beschrieben:

CADSYS	Pcode	Scode	Order	Setname
DEMO	MATRQ	CL	D	MATRQCL
DEMO	MATRQ	MR	D	MTRQDAT
DEMO	MATRQ	MR	U	MTRQDAT
DEMO	MATRQ	RL	D	MTRQLIS
...	...	...	...	...
CAD1	MATRQ	CL	D	MATRQCL
CAD1	MATRQ	MR	D	MTRQDAT
...	...	...	...	...

Tabelle 2.4: Regeltabelle TCIM

Bemerkung 2.3: Ein *CADSYS* stellt eine vollständige Beschreibung einer Einheit dar, welche alle benötigten Informationen zur Arbeit mit dem CAD-Interface bereitstellt.

2.3.7.6 CPIC-Benutzer einrichten

Der Datenaustausch zwischen SAP und einem externen Programm läuft unter einem speziellen SAP-Benutzer ab (CPIC-Benutzer). Dieser Benutzer ist im SAP anzulegen und mit einer *CPIC-Kennung* zu versehen. Diese Kennung besagt, daß dieser Benutzer nur über die CPIC-Schnittstelle mit dem SAP-System arbeiten kann.

Bemerkung 2.4: Solch ein CPIC-Benutzer ist dann nicht mehr in der Lage, SAP interaktiv zu betreiben.

2.3.8 Konfiguration außerhalb von SAP

Das CAD-Interface ist vor dem Einsatz auf das jeweilige Rechnerumfeld anzupassen. Die zu treffenden *Konfigurationen* außerhalb von SAP definieren, welche Art von Rechnertypen und mit welchem Protokoll miteinander kommunizieren sollen.

Prinzipiell läuft die Verbindung zwischen einem SAP-System und einem externen Programm folgendermaßen ab: Ein Rechner ist der SAP-Server. Auf ihm liegt die SAP-Datenbank und der CPIC-Handler. Der Partnerrechner (Client) ist ein beliebiger Rechner von dem aus das sogenannte Client-Programm gestartet wird. Auf dem Client-Rechner sind nun alle Konfigurationsparameter zur Beschreibung des eingesetzten SAP-Servers anzugeben.

Bemerkung 2.5: Alle Definitionsbeispiele in den folgenden Kapiteln (von 2.3.8.1 bis 2.3.9) beziehen sich jeweils auf eine Kommunikation zwischen einem SAP R/3-System mit einem externen C-Programm. Das C-Programm befindet sich auf einem IBM-Unix-System.

2.3.8.1 Kommunikation definieren

Um eine Konfiguration für die Kommunikation zwischen einem R/3 und einem Unix-System einzurichten, ist die Erstellung der zwei Parameterdateien (`sideinfo` und `caddialg.ini`) durchzuführen. Diese beiden Konfigurationsdateien legen das Übertragungsprotokoll: Den SAP-Servernamen, den SAP-Datenbanknamen und die Anmeldeparameter fest. Weiterhin sind diverse Einträge in den Unix-Konfigurationsdateien `/etc/hosts` und `/etc/services` durch den Systemverwalter vorzunehmen.

Bemerkung 2.6: In allen Konfigurationsbeispielen ist der SAP-Server der Rechner mit dem Hostnamen `sap1` und der SAP-Client der Rechner mit dem Hotsnamen `se1`. Auf dem SAP-Server `sap1` befindet sich ein SAP R/3-System. Der Server ist eine IBM-Workstation (Baureihe RS/6000). Dieser Rechner ist mit 12 GB Festplattenkapazität und 128 MB Hauptspeicher ausgerüstet. Der Client-Rechner erreicht den SAP-Server mittels TCP/IP.

2.3.8.1.1 Die Sideinfo-Konfigurationsdatei

Im Falle einer Verbindung zwischen einem SAP R/3-Sytsem mit Unix-System wird in der Datei `sideinfo` der Protokolltyp, der SAP-Datenbankname (Destination), der SAP-Server, die TCP/IP Services und der Tracelevel für eine Verbindung definiert. Der allgemeine Aufbau eines Datensatzes der Datei `sideinfo` ist folgendermaßen:

Parameter=*Wert*

Bemerkung 2.7: Insgesamt existieren 22 solcher Konfigurationsparameter, welche je nach Verbindungsart noch unterschiedliche Bedeutungen annehmen können.

Beispiel 2.4: Auf dem Rechner sap1 liegt die SAP-Datenbank mit dem symbolischen Namen EDM (steht für Engineering Data Management). Die Übertragung wird über den Gateway *sapgw00* und den Dispatcher[8] *sapdp00* erfolgen. Der Gateway und der Dispatcher müssen wie in Kapiteln 2.3.8.1.4 beschrieben, definiert sein. Es folgt das Listing der Datei sideinfo für die obige Konstellation:

```
*
* Autor: Tobias Eberle
* Datum: 20/03/1995
* Beschreibung: Definitionen der Kommunikationsparameter
*              mittels TCP/IP
*
* Symbolischer Name des Zielsytems
DEST=EDM
*
* Rechner auf dem das SAP R3 laeuft
LU=sap1
*
* Name des Dispatchers (aus /etc/services)
TP=sapdp00
*
* Rechner auf dem das SAP-Gateway ablaeuft (aus /etc/services)
GWHOST=sap1
*
* Gateway Server zum GWHOST
GWSERV=sapgw00
*
* Protokolltyp: I=Partner ist ein ueber TCP/IP erreichbares R/3
PROTOCOL=I
*
* Setzen des Tracelavel: 3=Kompletter Ablauf und Datentrace
CPIC_TRACE=3
```

2.3.8.1.2   Die Caddialg-Konfigurationsdatei

Mit den Angaben aus der Datei caddialg.ini meldet sich das Clientprogramm im SAP an. Es werden Angaben über den SAP-Benutzer (eigentlich CPIC-Benutzer)und sein Kennwort, den Mandanten, den Datenbanknamen (dieser muß auch in der Datei sideinfo stehen), die Sprache Deutsch oder Englisch, die SAP-Version und den Namen des CAD-Systems im SAP (CADSYS) gemacht. Alle Werte die in der Datei caddialg.ini definierbar sind können auch direkt beim Aufbau der Verbindung zum SAP-System, dem Programm *SapConnc* (siehe Kapitel 2.4.3.1), übergeben werden. Der allgemeine Aufbau der Datei caddialg.ini ist folgendermaßen:

---

[8]Funktionskomponente des SAP-Servers, der die unterschiedlichen Arbeitsprozesse bei jeder Kommunikation koordiniert. Er verwaltet die Ressourcen für die Anwendungen und zwar durch eine Verwaltung von Pufferbereichen im Hauptspeicher, Organisation der Kommunikationsvorgänge, Lastverteilung, Steuerung des Datenaustausches zu anderen Applikationen, Konsistenzsicherungen der Daten, usw..

Parameter *Wert*

Beispiel 2.5: Es folgt ein Beispiel für die Datei `caddialg.ini` mit der sich der SAP-Benutzer (CPIC-Benutzer) TOBIAS unter dem Mandaten 000 in einem SAP R/3 System anmeldet:

```
*
* Autor: Tobias Eberle
* Datum: 20/03/1995
*
* SAP-Anmeldeparameter
SAPSYSTEM     EDM                "Datenbankname
SAPCLIENT     000                "SAP-Client (Mandant)
SAPUSER       TOBIAS             "CPIC-Benutzer
SAPPASSWD     GEHEIM             "Kennwort des CPIC-Benutzer
SAPLANGU      D                  "Sprache
* SAP-Version
SAPVERSION    R/3                "R/2 oder R/3
* Benutztes CAD-SYSTEMS aus TCIM Tabelle
CADSYS        DEMO               "CAD-System aus TCIM
* TRACE-Paramete
TRACESTD      1                  "Standard-Trace
TRACECPIC     1                  "Extended Traces
TRACESAPCAD   1                  "Logfile
TRACEDIR      /tmp               "Trace-Verzeichnis
```

2.3.8.1.3 Die Systemdatei Hosts

Die Datei `/etc/hosts` beschreibt alle in einem Netzwerk verbundenen Rechner. Jeder Rechner erhält eine eindeutige *IP-Adresse*[9] und einen logischen *Hostnamen*.

Beispiel 2.6: Für obige Konstellation ist auf dem Client-Rechner se1 der Hostname des SAP-Servers einzutragen:

```
# /etc/hosts
# Internet Address   Hostname   # Kommentar
194.39.158.15        sap1       # SAP Server
```

2.3.8.1.4 Die Systemdatei Services

In dieser Konfigurationsdatei sind alle offiziellen Service-Namen mit den zugehörigen Port-Nummern (TCP/IP-Adresse) und Protokollen, die die Services benutzen, definiert.

Beispiel 2.7: Um den TCP/IP Service auf dem Client einzurichten, ist die Datei `/etc/services` wie folgt anzupassen:

```
# /etc/services
# Name    TCP/IP-Adresse Kommentar
sapgw00   3300/tcp       # SAP Gateway-Default
sapdp00   3200/tcp       # SAP Dispatcher
```

---

[9]IP-Adresse: Eindeutige Rechneradresse für das Internet-Netzwerk.

2.3.9   Zusammenfassung

Nachdem alle Vorbereitungen innerhalb und außerhalb von SAP durchgeführt wurden, besteht die Voraussetzung ein Clientprogramm zu starten.

Folgende Punkte beschreiben nochmals die notwendigen Arbeitsschritte, die durchzuführen sind, bevor ein Clientprogramm mit SAP kommunizieren kann:

1. Der SAP-Gateway und Dispatcher muß aktiviert sein.

2. Im SAP-System muß ein CPIC-Benutzer vorhanden sein.

3. Die Dateien `/etc/hosts` und `/etc/services` müssen wie in 2.3.8.1.3 und 2.3.8.1.4 beschrieben von dem Systemverwalter angepaßt worden sein.

4. Die Datei `caddialg.ini` muß korrekte Parameter enthalten und im Startverzeichnis des Clientprogramms stehen.

5. Die Datei `sideinfo` muß korrekte Werte enthalten. Die Lokation der Datei `sideinfo` kann auf einem Unix-System über die *Shellvariable* `SIDE_INFO` durch den folgenden Befehl bestimmt werden.

```
$ export SIDE_INFO="/usr/local/sap/sideinfo/sideinfo.I"
```

Falls die *Shellvariable* `SIDE_INFO` nicht gesetzt ist, muß die Datei `sideinfo` im Startverzeichnis des Clients stehen.

Beispiel 2.8: Das Clientprogramm `sapcadtst` wird über ein Shellskript gestartet. Das Programm `sapcadtst` muß alle notwendigen Funktionen des CAD-Interface enthalten, welche zum Verbindungsaufbau bzw. -abbau nötig sind:

```
#
# Starten eines SAP-Clientprogramms
#
export SIDE_INFO="/usr/local/sap/sideinfo/sideinfo.I"
$HOME/prj/pps/sap/bin/sapcadtst
```

2.4   Das CAD-Interface

Die Datenverarbeitung eines Industrieunternehmens gliedert sich im wesentlichen in zwei Bereiche:

- technische EDV

- kommerzielle EDV

Der Ausbau dieser beiden EDV-Bereiche erfolgte in den meisten Firmen unabhängig voneinander und unter dem alleinigen Aspekt, die jeweiligen bereichsspezifischen Aufgabenstellungen zu erfüllen. Dem Thema *Integration* zu anderen Anwendungen wurde meist nur geringe Beachtung geschenkt. Die dadurch entstandenen „Insellösungen" führen zu einer Reihe von Problemen:

- Daten, die in mehreren Systemen Verwendung finden, müssen mehrfach manuell eingegeben werden und sind nur mit erheblichem Aufwand konsistent zu halten.

- Da kein bereichsübergreifender Datenzugriff möglich ist, kann es zu Mehrfach- und Parallelentwicklungen kommen. Ein zentraler Überblick über vorhandene Daten ist nicht möglich.

- Die zentrale Steuerung und Überwachung von Projekten und Vorgängen, bei denen mehrere Abteilungen miteinbezogen sind, ist nur mit erheblichem organisatorischem Aufwand möglich.

Da die Leistungsfähigkeit eines Unternehmens in immer stärkerem Maße von seiner Flexibilität und Effizienz abhängt, tritt der Aspekt der Systemintegration über Abteilungsgrenzen hinweg mehr und mehr in den Vordergrund. Die wesentlichsten Ziele dabei sind:

- Zentrale Datenhaltung, um Redundanzen zu vermeiden und den Pflegeaufwand zu verringern.

- Kopplung und Vernetzung der einzelnen EDV-Systeme, vor allem zwischen technischen und kaufmännischen Bereichen.

- Schneller Zugriff auf die vorhandenen Datenbestände.

- Zentrale Steuerung, Auswertung und Kontrolle von bereichsübergreifenden Vorgängen.

Wird im kaufmännischen EDV-Bereich ein SAP-System eingesetzt, kann die Kopplung zu den CAD-Arbeitsplätzen im technischen EDV-Bereich über das *CAD-Interface* erfolgen. Diese Kopplung bietet den Vorteil, daß der Konstrukteur auf Datenbestände im Produktionsplanungssystem zugreifen kann und diese Informationen (zum Beispiel über bestehende Materialien und Baugruppen) mit in seine Arbeit einfließen lassen kann. Da der Datenaustausch zwischen CAD- und SAP-System in beide Richtungen möglich ist, können Inkonsistenzen zwischen den Daten beider Systeme vermieden werden.

Aus dem CAD-System sind folgende Aktionen im SAP möglich:

Generierung von Materialstammsätzen und Stücklisten aus CAD-Zeichnungen:
Durch die Übertragung der Konstruktionsdaten einer im CAD-System angefertigten
Einzelteilzeichnung ist es möglich, im SAP-System Rumpfdatenstammsätze anlegen zu
lassen. Ebenso kann man Stücklisten aus CAD-Zusammenbauzeichnungen generieren
und in das SAP-System übertragen. Enthält eine zu übertragende Stückliste Komponenten
für die noch kein Materialstammsatz im SAP-System existiert, kann dieser
automatisch durch das SAP-System anlegt werden.

Änderung Materialstamm und Stücklisten aufgrund Zeichnungsänderung: Bei
Änderungen an CAD-Zeichnungen besteht die Möglichkeit, die entsprechenden Materialstammsätze
oder Stücklisten im SAP-System abzugleichen. Alle Änderungen werden
protokolliert, so daß jederzeit ein Überblick über die Änderungshistorie möglich ist.

Übernahme von Informationen in das Dokumentenverwaltungssystem: Mit der
Übernahme von Zeichnungsinformationen in das Dokumentenverwaltungssystem steht
auf dem Zentralrechner eine Informationsquelle über alle Zeichnungen zur Verfügung,
die an den angeschlossenen CAD-Arbeitsplätzen erstellt wurden.

Dies ermöglicht es Zeichnungen, die auf einem beliebigen CAD-Rechner gespeichert
sind, von einem beliebigen anderen CAD-Rechner aus aufzufinden und abzurufen - ein
wichtiges Hilfsmittel für die Ähnlichkeits- und Zusammenbaukonstruktion.

Die Speicherung von Zeichnungsinformationen in SAP-Umgebung erlaubt es auch,
Zeichnungen an graphischen Workstations im Rahmen der SAP-Applikationen[10] anzuzeigen.

Aus dem SAP-System sind folgende prinzipielle Möglichkeiten vorhanden:

Einbindung von Teilen in CAD-Zeichnungen: Diese Funktion erlaubt es dem Konstrukteur,
beim Erstellen einer Zeichnung ein passendes Teil im SAP zu suchen, und
dieses in eine neu erstellte CAD-Zeichnung zu übergeben. Das CAD-System kann nun
die Daten aus dem SAP-System verarbeiten.

Übernahme beliebiger SAP-Daten über Download: Mit Hilfe der SAP-Programmiersprache
ABAP[11] ist es möglich, Daten aus einem SAP-System, an ein entferntes Programm
zu übermitteln. Solche Daten können zum Beispiel Materialstammdaten, Stücklisten,
Dokumente, etc. sein.

Bemerkung 2.8: Beide Arten der Datenübertragung basieren auf einer Kommunikation
zwischen einem SAP/ABAP-Programm mit einem externen Programm (CAD-Programm).

---

[10]Zum Beispiel Das PC CAD-Programm AUTOCAD

[11]Advanced Business Application Programming. SAP-Programmiersprache der 4. Generation zur Entwicklung
von Dialoganwendungen und zur Auswertung von Datenbanken.

2.4.1 Komponenten des CAD-Interface

Das CAD-Interface ermöglicht den Aufbau einer Onlineverbindung zwischen einem CAD-System bzw. einem technischen Informationssystem und einem SAP-System, wobei das Interface aus den zwei folgenden Komponenten zusammengesetzt ist:

- SAP-Funktionsbibliothek

- SAP-Schnittstellenprogramm

2.4.1.1 SAP-Funktionsbibliothek

Die SAP-Funktionsbibliothek ist eine Sammlung von C-Unterprogrammen. Um die einzelnen Funktionen (Unterprogramme) aus dem CAD-System ansprechen zu können, ist die Einbindung der *Funktionsbibliothek* in das CAD-Programm nötig. Die Einbindung kann sowohl direkt innerhalb des Kernels, wie auch über eine spezielle Schnittstelle des CAD-Systems, erfolgen.

Die meisten Funktionen der *SAP-Funktionsbibliothek* sind über die SAP-Regeltabellen nach den Wünschen und Anforderungen des Benutzers entsprechend anpaßbar. Zum Beispiel ist festlegbar welche Daten in welcher Reihenfolge zu übertragen sind. Außerdem kann die Länge der Felder von der im SAP-Data-Dictionary festgelegten Feldlänge abweichen.

2.4.1.2 SAP-Schnittstellenprogramm

Das *SAP-Schnittstellenprogramm* ist eine, in das SAP-System integrierte, Softwarekomponente mit folgenden Funktionen:

- Entsprechend der vom CAD-System kommenden Befehle werden die angeforderten Daten von den SAP-Datenbanken gelesen und in das zur Übertragung notwendige Format konvertiert. Anschließend sind diese Daten an das CAD-System zu übergeben. Sollen die angeforderten Daten im CAD-System änderbar sein, erfolgt eine Sperrung dieser im SAP-System.

- Die vom CAD-System kommenden Daten, sind auf Konsistenz zu prüfen und anschließend an die entsprechenden SAP-Transaktionen[12] zu übergeben, damit ein Update der Datenbanken erfolgen kann.

- Bei einer Datenbankänderung im SAP-System, die über das Interface vom CAD-System übernommen wurde, wird sichergestellt, daß dieselben Datenbestände aktualisiert werden wie bei Ablauf einer SAP-Onlinetransaktion.

---

[12]Eine Transaktion ist ein kleinster unteilbarer Prozeß eines Programms

2.4.2 Beschreibung der Interface-Funktionen

In den folgenden Unterkapiteln werden Themen behandelt, welche zur Programmierung mit dem Interface nötig sind. Dazu gehören zum einen der prinzipielle Ablauf der Datenübertragung, der Aufbau der C-Datenstruktur, die Fehlerbehandlung sowie eine Beschreibung der einzelen Funktionen des CAD-Interface.

2.4.2.1 Datenübertragung

Die Datenübertragung mittels des CAD-Interface erfolgt in einem Datenpuffer mit dynamischer Länge. Die enthaltenen Daten liegen unformatiert vor und sind in folgende drei Blöcke unterteilt:

Header   Im Header sind alle notwendigen Informationen zur Verarbeitung des Datenpuffer abgelegt, wie die Anzahl der Datenfelder oder der Größe des Messagebereichs im Puffer.

Message   Der zweite Block beinhaltet einen Nachrichtentext (Message). Dieser Text wird von dem CAD-Interface übergeben.

Datenfelder   Alle Datenfelder sind sequentiell in diesem Bereich angeordnet. Die einzelnen Datenfelder sind durch das in Tabelle TCIS definierte Trennzeichen getrennt (zum Beispiel "?").

2.4.2.2 C-Datenstruktur

Alle CAD-Interface-Funktionen liefern einen Zeiger auf eine C-Struktur mit dem Namen SAPHD zurück. Innerhalb dieser Struktur sind alle Informationen enthalten, welche für die Programmsteuerung nötig sind. Die Definition der Struktur lautet folgendermaßen:

```
typedef struct {
    char *pcode;      /* Prozesscode */
    char *ucode;      /* Unterprozesscode */
    int  subrc;       /* SAP Returncode */
    int  meslen;      /* Messagelaenge */
    long datalen;     /* Datenlaenge */
    char fkz;         /* Folgesatzkennzeichen */
    long cpicrc;      /* CPIC-Returncode */
    char *cpicmes;    /* CPIC-Message */
} SAPHD; /* end struct */
```

Die einzelen Variablen der Struktur haben folgende Bedeutung:

char *pcode   In dieser Variablen steht der aktuelle Prozeßcode der Funktion, die ausgeführt wurde.

char *ucode   Diese Variable beinhaltet den Unterprozeßcode der ausgeführten Funktion.

int subrc   Wenn ein Fehler bei der Ausführung einer Funktion innerhalb des SAP-Systems[13] auftritt, wird diese Variable mit einem Wert $\neq 0$ belegt. In diesem Fall findet keine Datenübertragung statt.

---

[13]Fehler in einem ABAP/4 Programm

int meslen   Jeder Funktionsaufruf liefert im Fehlerfall eine Nachricht in einer Variablen mit dem Namen msg (siehe Kapitel 2.4.2.3) mit variierender Länge zurück. Diese Nachricht hat dann genau die Länge des Wertes der Variablen meslen.

long datalen Hiermit wird die Anzahl der übertragenen Bytes bei einer Transaktion protokolliert. Der Wert ist im Fehlerfall = 0.

char fkz   Dieser Wert ist ungleich Null, falls bei einer Transaktion nicht alle Daten auf einmal übetragen werden können.

long cpicrc   Bei einem Kommunikationsfehler in der CPIC-Schicht oder bei einem internen Fehler im CAD-Interface wird diese Variable mit einem Wert $\neq 0$ versehen.

char *cpicmes Hier wird eine kurze Beschreibung des Fehlers in Form eines Textes zurückgegeben.

2.4.2.3 Funktionsaufbau

Alle transaktionsorientierten Funktionen[14] des CAD-Interface besitzen einen einheitlichen Aufbau in Bezug auf die Übergabeparameter[15]. Der Aufbau einer solchen Funktion sieht folgendermaßen aus:

$$hd=SapPcode(scode,sndstr,rcvstr,msg);$$

Der Funktionsname setzt sich stets aus dem Wort Sap und dem Namen der Transaktion, gekennzeichnet durch den Pcode, zusammen. Die Übergabeparameter der C-Schnittstellenprogramme haben folgende Bedeutung:

scode   Namen des Unterprozeßcodes aus Tabelle TCIM.

sndstr Diese Variable beinhaltet den Datenpuffer, bestehend aus den drei Teilen Header, Message und Datenfelder. Sie wird als *Sendestring* bezeichnet.

rcvstr Dieser Zeiger auf eine Zeichenkette zeigt auf den Datensatz der aus dem SAP empfangen wurde. Der benötigte Speicherplatz wird dynamisch von der CAD-Interface-Funktion alloziert. Die Variable wird als *Empfangsstring* bezeichnet.

msg   Hier werden Fehlertexte der Schnittstelle an das Anwenderprogramm zurückgegeben. Der benötigte Speicherplatz wird von der jeweiligen SAP-Funktion alloziert.

---

[14]Diese Funktionen führen Transaktionen im SAP aus.

[15]Die *Basisfunktionen* (siehe Kapitel 2.4.3) des CAD-Interface besitzen teilweise unterschiedliche Übergabeparameter.

2.4.2.4 Fehlerbehandlung

Durch die Auswahl einer Funktion im CAD-System wird eine ganze Reihe von einzelnen Kommunikationsschritten angestoßen. Wird während der Abarbeitung dieser Kommunikationsschritte ein Fehler erkannt, sollte die Funktion in den meisten Fällen terminieren. Folgende Arten von Fehlermeldungen können dabei auftreten:

Fehler bei der Abarbeitung einer Transaktion im SAP-System: In diesem Fall enthält die Variable msg denselben Fehlertext wie bei direkter Arbeit im SAP-System. Vor den Text wird eine sechsstellige ID gestellt, die wie folgt aufgebaut ist:

1. Zeichen: E (Error)
2.-3. Zeichen: Message-ID aus der SAP-Tabelle 100
4.-6. Zeichen: Fehlernummer aus SAP-Tabelle 100

Fehler aus der SAP-Funktionsbibliothek: Diese Fehlermeldungen sind daran zu erkennen, daß vor dem Fehlertext eine fünfstellige ID steht, bestehend aus den Buchstaben "FB" und der dreistelligen Fehlernummer. Solche Fehler heißen *Applikations-Fehler*.

CPIC-Error: Bei Auftreten eines *CPIC-Errors* wird die Verbindung zwischen dem CAD- und dem SAP-System automatisch unterbrochen. Solche Fehler nennt man *CPIC-Fehler*.

Nach jedem Aufruf einer Schnittstellenfunktion, ist der *CPIC-Fehler* und der *Applikations-Fehler* zu prüfen. Nur im Falle, daß beide Werte = 0 sind, ist die Funktion erfolgreich ausgeführt worden. Im Falle eines Fehlers kann der erhaltenen Fehlertext dem Anwender angezeigt werden. Zusätzlich könnte die Protokollierung in einer Protokolldatei erfolgen.

Beispiel 2.9: Folgender Programmteil zeigt, wie die Fehlerbehandlung bei der Programmierung mit der Programmiersprache C durchgeführt werden sollte. Nach jedem Aufruf einer Funktion, sind die Returncodes[16] zu prüfen.

```
applerr = cpicerr = toolerr = 0;
/* Vorhergende Aktionen */
...
/* Vorige Transaktion fehlerfrei durchgefuehrt? */
if (toolerr==0 && cpicerr==0 && applerr==0) {
    hd=SapPcode(scode,sndstr,rcvstr,msg);
    if (hd.cpicrc != 0) cpicerr=hd.cpicrc;
    if (hd.subrc != 0) applerr=hd.subrc;
}
/* Am Ende des Programms wird die Fehlerbehandlung durchgefuehrt */
if (cpicerr != 0) {
    fprintf(stderr,"CPIC-Fehler...",...);
}
if (applerr != 0) {
    fprintf(stderr,"Transaktionsfehler...",...);
}
```

---

[16]In dem folgenden Programmbeispiel wird noch eine Fehler-Variable mit dem Namen toolerr benutzt. Diese Variable wird von der *Toolbox* (siehe Kapitel 2.5) gesetzt.

2.4.3 Basisfunktionen des CAD-Interface

Die im folgenden beschriebenen *Basisfunktionen* bilden den Grundbaustein für sämtliche Kommunikatiosschritte mit SAP. Ihre Bestandteile sind:

- Anmelden am SAP-System

- Abmelden vom SAP-System

- Abbrechen einer Funktion

- Synchronisation

- Anzeigen Onlinedokumentation

- Selektion möglicher Eingabewerte

2.4.3.1 Anmelden am SAP-System

Diese Funktion stellt eine Online-Verbindung zwischen dem CAD-System und dem SAP-System her. Wenn die Verbindung erfolgreich aufgebaut ist, wird vom SAP-System eine Meldung an das CAD-System gesendet, welche die Bezeichnung des SAP-Systems und die Releasenummer enthält:

```
hd=SapConnc(sapsys,client,cadsys,user,passwd,lang,ver,msg);
```

Die benötigten Übergabeparameter erhält die Funktion entweder durch die in der Datei `caddialg.ini` definierten Werte oder durch direkte Angabe beim Aufruf.

2.4.3.2 Abmelden am SAP-System

Mit dieser Funktion findet eine Unterbrechung der Online-Verbindung zwischen dem CAD-System und dem SAP-System statt. Die Funktion ist jederzeit aufrufbar. Läuft zum Zeitpunkt der Unterbrechung noch ein Übertragungsprozeß, wird dieser ordnungsgemäß beendet.

```
hd=SapDisco(void);
```

Bemerkung 2.9: Bei Testprogrammen, die während dieser Diplomarbeit durchgeführt wurden, beendete die Funktion *SapDisco* die Verbindung stets mit dem Fehlercode `RC=18`. Es wurde speziell ein von SAP ausgeliefertes Testprogramm für das CAD-Interface (in Binärform) zum Vergleich herangezogen. Das SAP-Testprogramm konnte ebenfalls die Verbindung nicht mit dem Fehlercode `RC=0` beenden. Nach einer Anfrage bei der SAP AG Walldorf klärte sich das Problem umgehend. Die SAP AG teilte mit, daß dieser Fehlercode korrekt sei und keinerlei Programmierfehler vorliegen würden.

2.4.3.3 Abbrechen einer Funktion

Mit diesem Befehl wird eine aus mehreren Kommunikationsschritten bestehende Funktion abgebrochen.

```
hd=SapBreak(void);
```

2.4.3.4 Synchronisation

Die SAP-Regeltabellen müssen dem CAD-Interface zur Laufzeit zur Verfügung stehen. Um diese Tabellen aus dem SAP-System zu lesen und in Form von lokalen Dateien für das Interface bereitzustellen ist diese Funktion vorgesehen. Der Aufruf ist unmittelbar nach einem Verbindungsaufbau durchzuführen und kann jederzeit wiederholt werden. Durch einen erneuten Aufruf kann man feststellen, ob sich die Regeltabellen im SAP geändert haben.

$$hd=SapSysrq(scode,sndstr,rcvstr,msg);$$

Der Kommunikationsablauf der Interface-Funktion *SapSysrq* ist in folgende zwei Prozeßschritte aufgeteilt:

PA: Datenübertragungsrichtung: CAD → SAP. Für diesen Prozeßschritt sind keine Eingabedaten in der Variablen `sndstr` erforderlich.

PA: Datenübertragungsrichtung: CAD ← SAP. Nach diesem Prozeßschritt enthält der Empfangsstring folgende Informationen: Die SAP Versionsnummer das Matchcode Trennzeichen, das Matchcode Identifikationskennzeichen, das Datenfeld Trennzeichen, das Datumsformat und das Trennzeichen welches zur Trennung der Vor- und Nachkommazahlen einer Gleitkommazahl benutzt wird ("." oder ",").

2.4.3.5 SAP-Hilfe

Mit den Hilfefunktionen stellt das CAD-Interface folgende Arten von Online-Hilfen zur Verfügung:

Anzeige der Eingabemöglichkeiten: Diese dient zur Unterstüzung des Benutzers beim Ausfüllen von Eingabefeldern. Alle Eingabemöglichkeiten sind in einer Liste abgelegt und können dem Anwender dementsprechend aufbereitet angezeigt werden.

Anzeige der Feldbeschreibung: Eine Feldbeschreibung setzt sich zusammen aus dem *Namen des Feldes*, der *Definition* und der eventuell bestehenden *Abhänigkeiten* zu anderen SAP-Objekten.

$$hd=SapHlprq(scode,sndstr,rcvstr,msg);$$

Die Prozeßsteuerung der Funktion ist je nach Art der Hilfe unterschiedlich aufgebaut. Die Beschreibung erfolgt in den folgenden Unterkapiteln.

2.4.3.5.1 Anzeige der Eingabemöglichkeiten

SE: Datenübertragungsrichtung: CAD → SAP. Die Informationen: Prozeßcode, Subprozeßcode, Richtung und Feldname sind in diesem Schritt zu übertragen.

ST: Datenübertragungsrichtung: CAD ← SAP: Das SAP-System liefert den Datenheader mit der Anzahl der Zeilen n (Eingabemöglichkeiten) und der Anzahl der Spalten m.

SE: Datenübertragungsrichtung: CAD ← SAP. Nach diesem Schritt stehen die Werte in Form einer (n,m) Matrix zur Verfügung.

2.4.3.5.2 Anzeige der Feldbeschreibung

SD: Datenübertragungsrichtung: CAD → SAP. In diesem Prozeßschritt sind die Informationen: Prozeßcode, Subprozeßcode, Richtung und Feldname der Funktion zu übergeben.

SD: Datenübertragungsrichtung: CAD ← SAP. Die Funktion liefert die Daten mit dem Hilfetext.

2.4.4 Funktionen zum Zugriff auf Materialstammdaten

Folgende Funktionen zum Zugriff auf Materialstammdaten stellt das CAD-Interface bereit:

- Materialstammsatz anlegen

- Materialnummer reservieren

- Materialstammsatz ändern

- Materialstammsatz anzeigen

2.4.4.1 Materialstammsatz anlegen

Mit dem CAD-Interface ist es möglich, vom CAD-System aus Materialstämme im SAP-System anzulegen. Dabei besteht die Möglichkeit, zu allen Sichten[17] Materialien anzulegen. Beim Anlegen eines Materials kann die Materialnummer entweder vorgegeben oder durch die interne Nummernvergabe ermittelt werden. Im SAP-System ist dafür ein Nummernkreis mit dazugehörigem Format festgelegt. Der Anwender muß beachten, daß er Nummern aus diesem Nummernkreis benutzt.

Zum Zeitpunkt der Materialanlage müssen außerdem die Materialart (Rohstoff, Halbfabrikat, etc.) und die Branche (Maschinenbau, Chemie, etc.) festlegt sein.

```
hd=SapMatcr(scode,sndstr,rcvstr,msg);
```

Das CAD-Interface unterstützt zwei Arten des Anlegens eines Materialstammsatzes. Zum einen ein *normales anlegen* und zum anderen ein *anlegen mit reservierter Materialnummer*. In den folgenden Unterkapiteln erfolgt die Beschreibung der benötigten Prozeßschritte.

2.4.4.1.1 Einfaches erzeugen

MR: Datenübertragunsrichtung: CAD → SAP. An das SAP wird ein Datenstring gesendet in dem alle anzulegenden Datenfelder (durch das Trennzeichen getrennt) enthalten sind.

MR: Datenübertragunsrichtung: CAD ← SAP. Das SAP sendet nach dem Anlegen eine Meldung zurück. Innerhalb der Meldung ist die Materialnummer, die angelegt wird, in jedem Fall enthalten.

---

[17]Eine Sicht beschreibt eine Teilmenge der Materialstammdaten

2.4.4.1.2 Anlegen mit reservierter Materialnummer

`MA`: Datenübertragungsrichtung: CAD → SAP. Dem SAP ist der Datensatz der angelegt
werden soll zu übergeben. Dieser muß eine Materialnummer enthalten, welche vorher
reseviert wurde.

`MA`: Datenübertragungsrichtung: CAD ← SAP. Das Interface erhält einen Datenstring mit
der Rückmeldung und ggf. mit einer Materialnummer.

2.4.4.2 Materialnummer reservieren

Wenn ein neues Teil im CAD-System anzulegen ist, wird es in der Datenbank des CAD-
Systems unter einer bestimmten Nummer abgespeichert. Bei der späteren Zeichnungsfreigabe
muß für dieses Teil im SAP-System ein Materialstamm angelegt werden. Um zu verhindern,
daß diese Nummer bei der Materialanlage im SAP-System nicht mehr verfügbar ist, besteht
die Möglichkeit, vom CAD-System aus eine Nummer in einem internen SAP-Nummernkreis
zu reservieren. Beim Reservieren erhält das CAD-System die ermittelte Materialnummer. Es
besteht nun die Möglichkeit diese Nummer bestimmten CAD-Objekten[18] zuzuweisen. Auf
Seiten des SAP-Systems erhöht sich der Materialnummernzähler des internen Nummern-
kreises. Ist die Konstruktion des neuen Bauteils im CAD-System abgeschlossen, kann das
Material mit obiger Funktion (Anlegen mit reservierter Materialnummer), dem SAP-System
übergeben werden.

Diese Technik sichert, daß ein im CAD-System unter einer bestimmten Nummer angelegtes
Material später beim Anlegen im SAP-System nicht umzubenennen ist.

```
hd=SapRsrve(scode,sndstr,rcvstr,msg);
```

Kommunikationsschritte bei der Reservierung von Materialnummern:

`MT`: Datenübertragungsrichtung: CAD → SAP. Für diese Richtung sind keine Daten erforderlich.

`MT`: Datenübertragungsrichtung: CAD ← SAP. Nach diesem Prozeßschritt erhält man die
reservierte Materialnummer.

---

[18]In einer Zeichnungsverwaltung handelt es sich hierbei meist um Schriftfelder eines Zeichnungskopfes,
die in einer Datenbank abgelegt sind. Bei der Einbindung des CAD-Interface in die Zeichnungsverwaltung
CAD-ZV sollen solche Materialnummernreservierungen ebenfalls durchführbar sein.

2.4.4.3 Materialstammsatz ändern

Prinzipiell sind alle Sichten eines Materialstammsatzes über das Interface änderbar. Ausschließlich über das Interface besteht noch die Möglichkeit, sogenannte beschreibende Texte eines Materialstammsatzes zu manipulieren. Während des Änderungsvorgangs ist das Material im SAP-System gesperrt.

$$hd=SapMatch(scode,sndstr,rcvstr,msg);$$

Ändern von Materialstammsätzen kann auf die in den folgenden Unterkapiteln erläuterten Varianten erfolgen.

2.4.4.3.1 Einfaches Ändern

Bei dieser Änderungsform können alle Positionen des Materialstammsatzes geändert werden (vorausgesetzt die Berechtigung ist vorhanden). Es sind vier Prozeßschritte nötig:

MR: Datenübertragungsrichtung: CAD → SAP. Datenstring mit den notwendigen Informationen, um den zu ändernden Materialstammsatz eindeutig zu identifiziern.

MR: Datenübertragungsrichtung: CAD ← SAP. In einem Empfangsstring steht der alte Materialstammsatz.

MD: Datenübertragungsrichtung: CAD → SAP. Dem SAP-System wird hier der neue, eventuell geänderte Materialstammsatz übergeben.

MR: Datenübertragungsrichtung: CAD ← SAP. Das SAP-System liefert eine Nachricht an den Benutzer.

2.4.4.3.2 Ändern des beschreibenden Text

Zu einem bestehenden Materialstammsatz sind eventuell noch zusätzliche Texte zur näheren Beschreibung des Materials hinterlegt. Dabei gibt es folgende Arten von beschreibenden Texten:

Kurztext: Der Kurztext wird zur näheren Beschreibung des Materialstammsatzes genutzt.

Prüftext: Ein Prüftext soll zur Dokumentation der Qualitätssicherung dienen.

Interner Verkmerk: Der interne Vermerk dient zur Pflege einer Änderungshistorie.

Die verschiedenen Arten der beschreibenden Texte unterscheiden sich nur durch den *Subprozeßcode*. Die Kommunikationsschritte für diese drei Arten sehen wie folgt aus:

BT: Datenübertragungsrichtung: CAD → SAP. Für den Subcode BT[19] ist ein Datenstring mit den Informationen zur Klassifizierung des zu ändernden Datensatzes erforderlich.

LL: Datenübertragungsrichtung: CAD ← SAP. Nach diesem Schritt steht dem CAD-System die Zeilenlänge des beschreibenden Text zur Verfügung.

---

[19]BT steht für den Kurztext und kann durch die Subcodes QT bei Prüftextänderung oder durch IT bei internen Vermerken ersetzt werden.

TC: Datenübertragungsrichtung: CAD ← SAP. Das SAP-System liefert den alten beschreibender Text.

TC: Datenübertragungsrichtung: CAD → SAP. Dem SAP-System wird nun der neue beschreibende Text übergeben.

BT: Datenübertragungsrichtung: CAD ← SAP. Dem Benutzer wird eine Nachricht Übermittelt.

2.4.4.4 Materialstammsatz anzeigen

Mit dieser Funktion können Daten eines Materials aus dem SAP-System angezeigt werden. Ebenfalls sind die beschreibenden Texte eines Materialstammsatzes anzeigbar. Voraussetzung dafür ist, daß der beim Anmelden am SAP-System verwendete CPIC-Benutzer dazu berechtigt ist. Materialstammsätze lassen sich auf unterschiedliche Weise anzeigen (anfordern):

Normale Anzeige: Hier ist die Nummer des anzuzeigenden Materials direkt einzugeben, bevor die Anzeige erfolgt.

Anzeige mit vorhergehender Matchcodesuche: Die Auswahl des anzuzeigenden Materialstammsatzes erfolgt über die Matchcodesuche.

```
hd=SapMatrq(scode,sndstr,rcvstr,msg);
```

2.4.4.4.1 Einfaches Anzeigen

Falls die Materialnummer bekannt ist, sind folgende Prozeßschritte nötig:

MR: Datenübertragungsrichtung: CAD → SAP. Hier ist der Datenstring mit der Materialnummer an das SAP-System zu senden.

MR: Datenübertragungsrichtung: SAP → CAD. Ein Datenstring mit dem Materialstammsatz wird wom SAP zurückgegeben, falls die Materialnummer existiert.

2.4.4.4.2 Anzeigen mit vorhergehender Matchcodesuche

Falls die Materialnummer über die Matchcodesuche zu ermitteln ist:

RL: Datenübertragungsrichtung: CAD → SAP. In diesem Prozeßschritt erfolgt die Anforderung der Matchcodes.

ID: Datenübertragungsrichtung: SAP → CAD. Ein Datenstring mit allen Matchcodes wird vom SAP gesendet.

ID: Datenübertragungsrichtung: CAD → SAP. Man bekommt einen Datenstring, der die Einschränkungskriterien enthält.

CL: Datenübertragungsrichtung: SAP → CAD. In einem Datenstring werden alle zutreffenden Materialstammsätze übergeben.

CL: Datenübertragungsrichtung: CAD → SAP. Bei Anforderung weiterer Materialstammsätze aus dem Datenpuffer. Dieser Schritt ist nur durchzuführen, falls nicht alle Daten übertragen wurden.

2.4.4.4.3 Anzeigen der beschreibenden Texte

Alle beschreibenden Texte (Kurztext, Prüftext und interner Vermerk) lassen sich wieder anzeigen. Die Kommunikationsschritte für diese drei Arten sehen wie folgt aus:

BT: Datenübertragungsrichtung: CAD → SAP. Über den Subcode BT erhält man einen Datenstring mit den Informationen zur Klassifizierung des anzuzeigenden Materials.

LL: Datenübertragungsrichtung: CAD ← SAP. Die Zeilenlänge des beschreibenden Text wird hier übertragen.

BT: Datenübertragungsrichtung: CAD ← SAP. Abschließend wird der Empfangsstring mit dem beschreibendem Text übergeben.

2.4.5 Funktionen zum Zugriff auf Dokumentinfosätze

Mit dem CAD-Interface können auch Datentransfers von Dokumentinfosätzen zwischen SAP- und CAD-System stattfinden. Folgende Funktionen stehen dabei zur Verfügung:

- Anlegen Dokumentinfosatz
- Ändern Dokumentinfosatz
- Anzeigen Dokumentinfosatz

2.4.5.1 Anlegen Dokumentinfosatz

Beim Anlegen eines Dokumentinfosatzes ist dessen Dokumentennummer entweder vom CAD-Anwender vorgegeben oder sie wird intern vom SAP-System vergeben. Im zweiten Fall ist dem Interface das Zeichen "*" oder "␣" als Dokumentnummer zu übergeben. Das SAP-System übernimmt automatisch die Generierung einer eindeutigen Dokumentennummer, welche dann dem anzulegenden Dokument zuzuweisen ist.

Zum Anlegen eines Dokuments werden standardmäßig folgende Informationen benötigt:

- Dokumentnummer (optional)
- Dokumentart (zum Beispiel DRW für technisches Dokument)
- Dokumentversion (Versionsnummer 0 bis 99)
- Teildokument falls mehrere Dokumentteile vorhanden sind
- Beschreibung in Form eines Kurztextes
- Name des Datenträgers auf dem sich das Dokument befindet
- Workstation - Applikation zum Anzeigen oder Bearbeiten des Dokuments
- Materialnummer die mit dem Dokument verknüpft werden soll
- Protokoll für die Dokumentenverwaltung

- Sachbearbeitername

- Status des Dokuments[20]

- Pfad und Name der Zeichnung (zum Beispiel Pfad und Dateinamen einer Rastergrafik
  /usr/local/sap/images/img000001.gif)

```
hd=SapDoccr(scode,sndstr,rcvstr,msg);
```

2.4.5.2 Ändern Dokumentinfosatz

Mit dieser Funktion kann ein vom CAD-System aus im SAP-System gespeichertes Dokument
geändert werden. Zur Auswahl eines Dokumentinfosatzes muß die Dokumentnummer, das
Teildokument, die Dokumentart und die Versionsnummer an das SAP-System übergeben
werden. Falls der zu ändernde Dokumentinfosatz im SAP-System nicht existiert, wird die
Funktion abgebrochen. Andernfalls werden die Daten des Satzes an das CAD-System übergeben und können dort verändert werden. Während der Änderung im CAD-System wird der
Satz im SAP-System gesperrt.

2.4.5.3 Anzeigen Dokumentinfosatz

Diese Funktion ermöglicht es, Daten eines Dokumentinfosatzes aus dem SAP-System anzuzeigen. Voraussetzung dafür ist, daß der beim Anmelden am SAP-System verwendete
Benutzer berechtigt ist, die Dokumentinfosätze der gewählten Dokumentart anzuzeigen. Es
gibt folgende Arten der Anzeige:

Anzeige Dokumentinfosatz direkt: Um den anzuzeigenden Dokumentinfosatz zu identifizieren müssen die Dokumentnummer, das Teildokument, die Dokumentenart und
die Versionsnummer an das SAP-System übertragen werden.

Anzeige Dokumentinfosatz über Matchcodeselektion: Bei Anzeige über Matchcode
wählt man zuerst die Matchcode-ID aus. Anschließend sind die Datenfelder (Suchfelder) des Matchcodes auszufüllen. Nachdem die Felder ausgefüllt sind werden die in
Frage kommenden Dokumentinfosätze ermittelt und an das CAD-System übertragen.

2.4.6 Funktionen zum Zugriff auf Stücklistendaten

Mit dem CAD-Interface ist die Übertragung von Stücklistendaten zwischen SAP- und CAD-
System möglich. Dabei stehen folgende Funktionen zur Verfügung:

- Anlegen Stückliste

- Ändern Stückliste

- Anzeigen Stückliste

---

[20]Es gibt die Statis AR=archiviert, FR=freigegeben und ZG=zurückgewiesen

2.4.6.1 Anlegen Stückliste

Eine Stückliste im SAP-System besteht grundsätzlich aus zwei Teilen: dem Stücklistenkopf und den Positionen. Beide Teile sind beim Anlegen einer Stückliste im CAD-System zu erfassen und an SAP zu übertragen. Sowohl Variantenstücklisten wie auch Mehrfachstücklisten sind anlegbar. Ist eine Stückliste aus dem CAD-System angelegt worden, erhält diese automatisch ein CAD-Kennzeichen[21].

```
hd=SapBomcr(scode,sndstr,rcvstr,msg);
```

2.4.6.2 Ändern Stückliste

Mit dieser Funktion ist es möglich, im SAP-System gespeicherte Stücklisten durch das CAD-Interface zu ändern. Um die zu ändernde Stückliste eindeutig zu identifizieren, ist die Materialnummer des Stücklistenmaterials, das Werk, die Änderungsnummer und die Verwendung einzugeben. Es sind nur Stücklistenänderungen mit Historie möglich, d.h. die Angabe einer Änderungsnummer ist obligatorisch. Grundsätzlich gilt, daß nur die Stücklistenfelder vom CAD-System aus geändert werden sollten, die auch beim Anlegen der Stückliste vom CAD-System eingebbar sind. Es können auch nur solche Stücklistenpositionen geändert werden, die vom CAD-System aus angelegt worden sind und demzufolge ein CAD-Kennzeichen enthalten.

Die Funktion wird vom SAP-Schnittstellenprogramm abgebrochen, wenn die eingegebene Stücklisten- bzw. Änderungsnummer im SAP-System nicht existiert oder nicht gültig ist. Andernfalls überträgt SAP die Daten des Stücklistenkopfs sowie alle Stücklistenpositionen an das CAD-System. Nach erfolgter Änderung sind alle Daten über die Dialogschnittstelle wieder an das SAP-System zu übergeben. Das SAP-System vergleicht die ankommenden Daten mit den bisherigen Daten und stellt so fest, welche Positionen auf der Datenbank zu ändern sind.

---

[21]Damit lassen sich im SAP-System die aus dem CAD-System angelegten Stücklisten von den anderen unterscheiden.

Zum Ändern muß ein eindeutiger Datenstring die Stückliste identifizieren. Hierzu sind folgende Angaben notwendig:

- Materialnummer des Stücklistenmaterials

- Das Werk

- Die Änderungsnummer

- Die Verwendung

Bei dem Übertragungsvorgang wird die Stückliste vom SAP System gesperrt für andere Zugriffe. Wird das externe Programm undefiniert verlassen entfernt das SAP-System den Lock auf die Stückliste. Nach der Änderung im externen Programm wird im nächsten Schritt die Stückliste wieder in das SAP System transferiert. Die Felder die zurücktransferiert werden sollen müssen in der Tabelle TCIU definiert sein. Normalerweise sind diese dieselben wie die eingelesenen, das heißt, die Einträge in der Tabelle TCID sind dieselben wie in der Tabelle TCIU. Alle geänderten Felder legt folgende Funktion in der SAP-Datenbank ab:

```
hd=SapBomch(scode,sndstr,rcvstr,msg);
```

2.4.6.3 Anzeigen Stückliste

Mit dieser Funktion lassen sich die Daten einer Stückliste aus dem SAP-System anzeigen. Der aktuelle SAP-Benutzer muß berechtigt sein die Stücklisten des entsprechenden Stücklistentyps und des Werkes anzuzeigen. Folgende Arten der Anzeige sind möglich:

Baukastenstückliste einstufig: Hier wird ausgehend vom Stücklistenkopf nur die erste Ebene der Positionen angezeigt. Diese Darstellung erhält man auch wenn man im SAP eine Stückliste anlegt.

Baukastenstückliste mehrstufig: Über die gesamte Erzeugnisstruktur hinweg gibt diese Auswertungsform an aus welchen Komponenten die einzelnen Baugruppen bestehen. Komponenten, die ihrerseits wieder Baugruppen darstellen werden dabei anschließend dargestellt.

Strukturstückliste mehrstufig: Sie weist sämtliche Komponenten (Baugruppen und Einzelteile) eines Erzeugnisses in ihrem fertigungstechnischen Zusammenhang aus und strukturiert sie numerisch.

Mengenübersicht: Die Mengenübersicht erfaßt eine vollständige Aufzählung der in einem Erzeugnis enthaltenen Baugruppen und Einzelteile. Man erhält schnell eine Übersicht über alle benötigten Teile, die in ein Erzeugnis eingehen.

Um die anzuzeigende Stückliste eindeutig zu identifizieren muß das *Material*, das *Werk* und die *Verwendung* sowie bei Mehrfachstücklisten die *Alternative* oder die *Einsatzmenge* eingegeben werden. Sofern kein Gültig-ab-Datum[22] vom CAD-System vorgegeben wird verwendet das SAP-System das aktuelle Tagesdatum.

---

[22]Diese Zeitangabe kennzeichnet den Zeitpunkt ab dem die Stückliste ihre Gültigkeit erlangt.

Die Parameter, die zur Identifikation der Stückliste nötig sind, haben folgenden Aufbau und Format:

Materialnummer   Dies ist eine eindeutige 18-stellige Kennung des Materials. Das Format ist: 18A.

Werk   Ist die Nummer des Werks in dem die Stückliste existiert. Das Format ist: NNNN.

Anwendung   Über das Feld Anwendung können die Auflösungen der Stückliste gezielt für einen speziellen Unternehmensbereich (wie Konstruktion) durchgeführt werden. Alle Anwendungsformen sind im SAP-System definiert[23]. Jeder Anwendung ist ein 4-stelliger Kurznamen hinterlegt mit dem Format: AAAA.

Für alle Anzeigearten erwartet das System zwei Eingabestrings. Zum einen den *Stücklistenkopf* und zum anderen die *Stücklistenpositionen*.

```
hd=SapBomrq(scode,sndstr,rcvstr,msg);
```

2.4.7 Verbesserung

Die Datenauswertung des CAD-Interface ist sehr umständlich, da alle Sende- und Empfangsdaten in einem Datenstring übertragen werden. In diesem Datenstring sind die einzelnen Felder durch ein Trennzeichen voneinander getrennt. Nachteil dieser Übertragungsart ist es, daß der Anwender genau wissen muß wie dieser Datenstring aufgebaut ist und wo sich die angeforderten oder gesendeten Daten innerhalb des Datenstrings befinden müssen.

SAP stellt eine sogenannte Toolbox zur Verfügung, die diese Aufgaben wesentlich erleichtert. Die Toolbox wird im folgenden Kapitel 2.5 aus funktionaler Sicht erklärt.

2.5 Die Toolbox

Die *Toolbox* ist eine C-Funktionsbibliothek von SAP die zur Aufbereitung der Sende- und Empfangsdaten des CAD-Interface einsetzbar ist. Durch den Einsatz der *Toolbox* benötigt der Programmierer keinerlei Kenntisse über den Aufbau der Sende- und Empfangsstrings. Alle Operationen, die zur Aufbereitung und Auswertung der Datenstrings benötigt werden, übernimmt die *Toolbox*. Die *Toolbox* gewährleistet dem Programmierer, daß die Kommunikationsstrings richtig aufgebaut sind.

In den weiteren Unterkapiteln sind die wichtigsten Funktionen der *Toolbox* in Form einer kurzen Erklärung erläutert.

2.5.1 Initialisieren der Toolbox

Durch den Aufruf der Funktion *SapInitToolbox* wird die Toolbox initialisiert und ein interner Datenpuffer der Toolbox bereitgestellt.

---

[23]Standardmäßig sind die Anwendungen Bestandsführung (BEST), Instandhaltung (INST), Kalkulation (PC01), Fertigung (PP01) und Vertrieb (SD01) vorhanden.

2.5.2 Meldung zum aufgetretenen Fehler anfordern

Sämtliche Fehlercodes, die eine SAP-Funktion liefert, sind in einer separaten Datei mit dem Namen *toolmes.dat* hinterlegt. Mit Hilfe der Funktion *SapGetErrorMessage* läßt sich der Fehlertext zur entsprechenden Fehlernummer ermitteln.

2.5.3 Konfigurationsdaten der Toolbox

Die Funktion *SapDescribeInterface* liefert Informationen zur Konfiguration der Schnittstelle. Es werden zum Beispiel das Trennzeichen, die Version der Toolbox, der Matchcodeidentifier, usw. aus der Toolbox gelesen.

2.5.4 Kommunikationsparameter der Toolbox bekanntmachen

Diese Funktion speichert die Konfigurationsdaten die das Interface beschreiben. Hierunter fallen zum Beispiel das Trennzeichen, das Zeichen für die Suche über Matchcode etc. Die Parameter müssen nach einem Verbindungsaufbau aus der Tabelle TCIS mit der Funktion *SapSysrq* aus dem SAP-System gelesen werden. Mit der Funktion *SapFillInterface* lassen sich die Konfigurationsdaten an die Toolbox übergeben.

2.5.5 Erzeugen von externen Dateien für die Toolbox

Diese Funktion speichert die derzeitige Konfiguration der Tabellen TCIU, TCID und TCIM in lokalen Files. Die Toolbox benötigt diese Files um interne Toolbox-Tabellen zu generieren. Der Funktion *SapWriteConfiguration* wird ein Parameter mitgegeben, der die zu speichernde Tabelle charakterisiert.

2.5.6 Bereitstellen der Toolboxinternen Tabellen

Die Funktion *SapCreateTable* erzeugt eine Toolboxinterne Tabelle zum Übertragen von Daten zum und vom SAP-System. Die Struktur dieser Tabelle hängt von den Konfigurationen innerhalb des SAP-Systems ab. Als Parameter benötigt die Funktion die Angabe der Richtung des Datenaustauschs und den Dateinamen TCIU bzw. TCID, um daraus die zu übertragenden Felder zu ermitteln.

2.5.7 Füllen der Toolboxinternen Tabellen

Die Funktion *SapCreateFillTable* füllt die in der Toolbox bereitgestellten Tabellen. Als Parameter benötigt die Funktion die Tabellenart in die der Eintrag erfolgen soll, den vom SAP empfangenen Datenstring, die Länge des Datenstrings, Prozeß und Subprozeßcode der zu den Daten gehörenden Funktion und die Dateinamen der Tabellen TCIM, TCIU, TCID. Falls diese Funktion erfolgreich beendet wurde, liegen die vom SAP angeforderten Daten in der Toolbox vor und können mit den im folgenden beschriebenen Zugriffsfunktionen bearbeitet werden.

2.5.8 Attribut aus der Toolbox-Tabelle lesen

Die Funktion *SapGetAttributNameValue* stellt die Schnittstelle zu den Toolboxinternen Tabellen her. Als Parameter muß der Typ der Tabelle und die Position des gewünschten Attributes innerhalb der Tabelle angegeben werden. Als Tabellentypen werden drei Arten unterschieden:

1. Tabelle für die Datenübertragung CAD → SAP

2. Tabelle für die Datenübertragung SAP → CAD

3. Tabelle für die Datenübertragung SAP → CAD via Matchcode

Die Positionsnummer des Attributs beginnt mit eins und wird fortlaufend durchnumeriert. Die Position des Attributs wird in den Tabellen TCID und TCIU im SAP zu der jeweiligen aufgerufenen Funktion festgelegt. Die Funktion liefert als Rückgabewerte den im SAP definierten Datenfeldname und dessen Inhalt. Diese Parameter können anschließend im externen Programm weiterverarbeitet werden. Ein Sonderfall bildet der Tabellentyp 3. Im Unterschied zu den anderen Tabellen sind hier mehrere Stammsätze hintereinander abgelegt. Die maximale Anzahl der vom CAD-System angeforderten Stammsätze ist mit der Funktion *SapGetMcdDescription* ermittelbar.

Falls der Name des Attributs (Datenfeldname der im SAP definiert ist) dem externen Programm bekannt ist, kann der Zugriff auf die Toolbox-Tabellen auch direkt über diesen Namen erfolgen. Die Funktion hierzu heißt *SapGetTableValue*. Die Funktion liefert dann als Rückgabewerte die Position innerhalb der Tabelle und den Inhalt des Datenfeldes.

2.5.9 Arbeiten mit externen Toolbox-Tabellen

Weiterhin besteht die Möglichkeit auf die lokalen Tabellen zuzugreifen. Zum Speichern der Toolboxinternen Tabellen in externe Dateien ist die Funktion *SapPrintTable* einzusetzen. Die Funktion benötigt dazu die Tabellenart und den Dateinamen unter dem die Datei abgespeichert wird. Auf diese lokale Datei kann der Benutzer mit weiteren Toolboxfunktionen zugreifen. Um beispielsweise eine Tabelle auf das Vorhandensein eines Attributnamens zu untersuchen, gibt es die Funktion *SapSearchAttribut*. Genauso wie in den internen Tabellen können auch in den externen Dateien Attribute und deren Inhalte gelesen werden. Die Funktion hierzu heißt *SapGetAttributName*.

2.5.10 Anzahl der Einträge in den Toolbox-Tabellen

Zum Lesen der Tabellen ist es wichtig zu wissen, wieviele Einträge in der Tabelle vorhanden sind. Die Anzahl läßt sich mit der Funktion *SapDescribeTable* ermitteln. Die Funktion benötigt, damit die richtige Tabelle ausgewählt werden kann, die Tabellenart als Eingabeparameter.

2.5.11   Schreiben in Toolbox-Tabellen

Um Daten mit Hilfe der Toolboxfunktionen an das SAP-System senden zu können, muß
vorher ein entsprechend formatierter Sendestring vorhanden sein. Vor dem Erzeugen sind die
Toolbox-Tabellen mit Werten zu füllen. Dies geschieht durch die Funktion *SapWriteTable-*
Value. Als Parameter müssen dieser Funktion die Tabellenart (Upload oder Download), der
Attributname und der Inhalt des Attributes mitgegeben werden. Falsche Einträge sind durch
die Funktion *ModifyTableValue* zu beheben.

2.5.12   Sendstring aus Toolbox-Tabelleninhalt erzeugen

Wenn die Toolbox-Tabellen mit Werten gefüllt sind, kann mit der Funktion *SapCreateSendstr*
ein formatierter String erzeugt werden, der die Attribute und Attributinhalte enthält. Dieser
Sendstring wird dann zum SAP-System übertragen.

2.5.13   Interne Matchcode Tabelle füllen

Um aus dem SAP-System Daten via Matchcode selektieren zu können, müssen dem externen
Programm die auswählbaren Matchcodes bekannt sein. Die Matchcodes sind vom SAP in
einem Datenpaket zu übertragen. Die Aufbereitung des Paketes und Speicherung der Daten
in die Toolbox kann die Funktion *SapCreateFillTableMcd* ausführen.

2.5.14   Sendstring mit Einschränkungen erzeugen

Nachdem die Matchcodedaten in die Toolboxtabelle eingetragen wurden, besteht die Möglichkeit sie an SAP zu senden. Dazu wird die Funktion *SapCreateSendstrMcd* verwendet, die das
Format des vom SAP gewünschten Strings aus den Einträgen der Toolboxinternen Tabellen
erzeugt.

2.5.15   Anzahl der Matchcodeeinträge in der Toolbox-Tabelle

Zum Lesen der Matchcodes aus der Toolboxtabelle kann die Anzahl, der in der Tabelle
enthaltenen Einträge, mit der Funktion *SapGetMcdDescription* bestimmt werden.

2.5.16   Schreiben der Matchcodeeinträge in Tabellen

Sind die Matchcodefelder im externen System ausgefüllt, kann das Zurückschicken der aus-
gefüllten Felder an das SAP-System erfolgen. Dies geschieht wiederum über die Toolbox. Die
Selektionen sind mit der Funktion *SapWriteMcdValue* in die Toolboxtabellen einzulesen. Die
Zuordnung der Selektion zu der vom SAP angeforderten Einschränkungsmöglichkeit hängt
von der Position ab, an der die Selektion in die Tabelle eingetragen ist. Deshalb muß der
Funktion als Parameter die Position des Eintrags in der Toolbox-Tabelle mitgegeben werden.

2.5.17 Tabelle für Online-Hilfe

Die Funktion *SapCreateHlpTable* erzeugt eine Tabelle innerhalb der Toolbox, in der die vom SAP-System empfangene Hilfstexte zu einer Funktion zu speichern sind. Mit der Funktion *SapFillHlpTable* kann ein vom SAP empfangener Online-Hilfe - Datenstring in diese Tabelle eingelesen werden.

Kapitel 3

Modulspezifikation der PPS-Schnittstelle

Nachdem die notwendigen Grundlagen vorgestellt wurden, beginnt nun der Schwerpunkt dieser Diplomarbeit. Dazu gehören folgende Themenbereiche:

1. Modulspezifikation der PPS-Schnittstelle (dieses Kapitel)

2. Logisches Datenbankdesign und ER-Modell (Kapitel 4)

3. Erstellung von sogenannten Ablaufmodellen zur Simulation der Module und des Datenmodells (Kapitel 5)

4. Realisierung der PPS-Schnittstelle (Kapitel 6)

Die Schnittstelle zu Produktionsplanungssystemen (allgemeinster Fall) wird in den weiteren Kapiteln als *PPS-Schnittstelle* bezeichnet. Im speziellen zu SAP als *SAP-Schnittstelle*.

Die Konzeption der *PPS-Schnittstelle* wurde besonders unter Berücksichtigung des Produktionsplanungssystems SAP erstellt. Die Realisierung der SAP-Schnittstelle sollte in einem Stufenplan stattfinden. Dieser sieht vor jeweils die einzelnen Gruppen[1] des CAD-Interface *Basis*, *Materialstamm*, *Stücklisten*, *Dokumente*, *Matchcodes* und *Equipments* zu implementieren. Im ersten Schritt ist das Modul *Basis* und *Materialstamm* einzubinden. Die Konzeption wurde vollständig, d.h unter Berücksichtigung aller zu realisierenden Module durchgeführt.

Für jede dieser Funktionsgruppe ist eine *Zertifizierung* durch die SAP AG möglich. Um ein *Vollzertifikat* zu erhalten, müssen alle Funktionen des CAD-Interface eingebunden sein. Für das *Teilzertifikat* Materialstamm, sind sämtliche Funktionen zum Materialstamm (siehe Kapitel 2.4.4) und die Basisfunktionen (siehe Kapitel 2.4.3) zu implementieren.

Die *Modulspezifikation* der PPS-Schnittstelle sieht es vor, die zur Realisierung benötigten Programmodule festzulegen und sie aus funktionaler Sicht zu beschreiben (funktionale Analyse).

---

[1]Zu einer Gruppe gehören alle Funktionen des CAD-Interfaces, welche ein PPS-Objekt (zum Beispiel Materialstamm) bearbeiten.

Nach den ersten Erfahrungen bei der Arbeit mit dem CAD-Interface stand fest, daß es ein Werkzeug (Programm) geben muß, welches die Konfiguration und Skalierung des Interface (wie in Kaptiel 2.3.8 beschrieben) benutzerfreundlich und menügesteuert durchführen kann. Dieses Werkzeug wird als das *Customizing-Modul* bezeichnet.

Das zweite Modul stellt die Integration der PPS-Funktionen in den CAD-Systemen CATIA und CADAM dar. Dieses Modul wird als das *CAD-Modul* bezeichnet. Bei diesem Modul ist zu Unterscheiden, ob es innerhalb der Zeichnungsverwaltung integriert ist, oder nicht. Im Falle der Intergration des *CAD-Moduls* in die Zeichnungsverwaltung wird im folgenden von dem *ZVS-PPS-Modul* gesprochen. Findet die Integration ohne die Zeichnungsverwaltung statt wird es als *CAD-PPS-Modul* bezeichnet. Es ergeben sich folgende Module:

1. CAD-Module:

    (a) Ohne die Zeichnungsverwaltung CAD-PPS-Modul

    (b) Innerhalb der Zeichnungsverwaltung ZVS-PPS-Modul

2. Customizing-Modul

3.1 Spezifikation der CAD-Module

Folgende Fragen waren Bestandteil bei der Untersuchung der zwei CAD-Module *CAD-PPS-Modul* und *ZVS-PPS-Modul*:

- Aus welchen Programmschichten bestehen die Module?

- Wie erfolgt die Integration unter den CAD-Systemen CATIA und CADAM?

- Wie kann eine Verbindung zwischen den Elementen der CAD-Systeme CATIA und CADAM mit einem Objekt eines Produktionsplanungssystems realisiert werden?

- Welche Funktionen eines Produktionsplanungssystems müssen dem CAD-Anwender zur Verfügung stehen?

3.1.1 Programmschichten der CAD-Module

Aufgrund der Anforderung, daß die PPS-Schnittstelle sowohl in die Zeichnungsverwaltung integriert wie auch selbsständig verfügbar sein soll, sind zwei separate CAD-Module zu entwickeln. Beide Module müssen Daten mit einem Produktionsplanungssystem austauschen können. Der Datenaustausch ist über einen Programmkern durchzuführen, welcher eine neutrale Schnittstelle besitzt und sämtliche Funktionen eines PPS-Systems[2] handelt es bereitstellt.

---

[2]Bei dem Produktionsplanungssystem SAP sind dies die Funktionen des CAD-Interface.

Um eine über Schnittstellen klar definierte Programmstruktur aufzubauen, wurden hierfür insgesamt drei Programmschichten benötigt, die folgendermaßen aufgebaut sind:

Abbildung 3.1: Die drei Programmschichten

Die *PPS-Schicht* stellt den Programmkern dar, welcher alle Programme enthält die Daten mit dem PPS-System austauschen. Im Falle der SAP-Anbindung benutzt dieser die Funktionen des CAD-Interfaces für den Datenaustausch. Die *CAD-PPS-Schicht* und die *ZVS-PPS-Schicht* kommunizieren mit dem PPS-System ausschließlich über die *PPS-Schicht*.

Die *ZVS-PPS-Schicht* stellt die Kopplung zwischen der Zeichnungsverwaltung und dem Produktionsplanungssystem dar. Diese kann auch Teile der *CAD-PPS-Schicht* benutzen, welche unabhängig von der Zeichnungsverwaltung ist.

3.1.2   Intergration der CAD-Module

Die *CAD-Module* müssen in ein CAD-System integriert werden. Diese Integration ist nur durchführbar wenn das CAD-System eine *offene Architektur* besitzt. Die CAD-Systeme CATIA und CADAM, unter denen die PPS-Schnittstelle zu integrieren ist, besitzen beide die Möglichkeit externe Programme in das CAD-System einzubinden. Demzufolge ist die technische Durchführung einer integrierten Kopplung in das CAD-System realisierbar.

Der Eingriff in die CAD-Systeme erfolgt jeweils durch einen *Panelinterpreter*[3]. Der *Panelinterpreter* ist ein Programm zur Steuerung und Darstellung von *Dialogmasken* in CAD-Systemen. Er besitzt eine definierte Benutzerschnittstelle und ist für die CAD-Systeme CATIA und CADAM verfügbar. Nähere Informationen zum *Panelinterpreter* und dessen Arbeitsweise sind aus Anhang A zu entnehmen.

3.1.3   Verbindungen zwischen CAD- und PPS-Objekten

Aus reiner Konstruktionssicht wäre es wünschenswert, jedem im CAD-System konstruierten Einzelteil Informationen aus Produktionsplanungssystemen zuzuordnen. Diese Zuordnungen könnten beim Erstellen einer Zusammenbauzeichnung aus Einzelteilzeichnungen benutzt werden, um eine Stückliste automatisch anhand der verwendeten Einzelteile zu erzeugen und in das Produktionsplanungssystem zu übertragen.

---

[3]Der *Panelinterpreter* wurde im Rahmen einer Diplomarbeit bei der FHT Stuttgart von der CENIT GmbH erstellt.

Die Erstellung einer *logischen Verbindung* zwischen Elementen aus voneinander unabhängigen Systemen wurde speziell auf die folgende Konstellation untersucht:

> *Geometrischen CAD-Objekten sollen Informationen eines PPS-Elements (zum Beispiel Materialstammdaten) hinterlegt werden.*

Um solch eine *logische Verbindung* zu erstellen, sind dem CAD-Element Informationen über ein PPS-Element zu hinterlegen. Aus mathematischer Sicht stellt die *logische Verbindung* eine rechtseindeutige Abbildung dar, die wie folgt definiert wird:

Definition 6 *Sei $P(o_1, \ldots, o_n)$ die Menge aller PPS-Objekte und $C(e_1, \ldots, e_m)$ die Menge aller CAD-Elemente. Die Erstellung einer logischen Verbindung zwischen CAD-Objekten und PPS-Elementen wird durch folgende rechtseindeutige Abbildung beschrieben:*

$$f : \ P \to C$$

Bemerkung 3.1: Die Abbildung ist rechtseindeutig, da einem CAD-Element nur genau ein Objekt eines Produktionsplanungssystems zugeordnet sein darf. Die Umkehrabbildung f^{-1} existiert nicht, da dem Produktionsplanungssystem keinerlei Informationen über die logische Verbindung vorliegen dürfen. Die Funktion f wird als *logische Verknüpfungsabbildung* bezeichnet. Wie die *logische Verbindung* innerhalb der CAD-Systeme CATIA und CADAM technisch zu realisieren ist, wird in den nächsten Kapiteln erläutert. Folgende Abbildung 3.2 stellt den vorliegenden Sachverhalt grafisch dar.

3.1.3.1 Logische Verbindung unter dem CAD-System CATIA

CATIA stellt als Element einen sogenannten *Descriptionblock* zur Verfügung. Ein *Descriptionblock* ist ein Datenspeicher, der beliebige Daten aufnehmen kann. Die Erzeugung eines *Descriptionblocks* erfolgt über eine spezielle Funktion, die das CAD-System CATIA bereitstellt. Die Funktion liefert nach der Generierung eines *Descriptionblocks* eine *Descriptionblocknummer* zurück. Über diese eindeutige Nummer kann der *Descriptionblock* wieder angesprochen werden.

Jedem geometrischen 2D oder 3D Element können *Descriptionblocks* hinterlegt werden. Dabei wird dem Geometrieelement die Nummer des *Descriptionblocks* zugewiesen. Sind PPS-Daten (zum Beispiel Materialnummer eines SAP-Materialstammsatzes) in einem *Descriptionblock* abgelegt ist die einseitige *logische Verbindung* erzeugt.

3.1.3.2 Logische Verbindung unter dem CAD-System CADAM

Unter CADAM besteht die Möglichkeit Geometrieobjekten, sogenannte *Elementattribute* zu hinterlegen. Ein *Attribut* ist eine zusätzliche Beschreibung eines geometrischen Elements. Ein *Attribut* kann beim Erzeugen mit beliebigen Informationen gefüllt und mit anderen Geometrieobjekten verbunden werden. Die Erstellung einer *logischen Verbindung* zwischen geometrischen Elementen des CAD-Systems CADAM mit einem Produktionsplanungssystems ist demnach technisch ebenfalls realisierbar.

Darstellung der *logischen Verbindung* eines CAD-Elements mit einem Objekt des Produktionsplanungssystems:

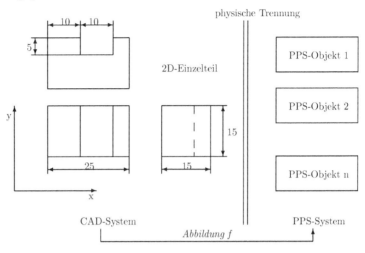

Abbildung 3.2: Logische Verbindung zwischen CAD- und PPS-Objekt

3.1.3.3 Verbindungsinkonsistenz

Ein Problem der Verbindung von CAD-Elemeneten mit PPS-Objekten besteht in der Haltung konsistenter Datenbestände. Gewährte Datenkonsistenz könnte nur erhalten werden, wenn f^{-1} der *logischen Verküpfungsabbildung* existiert. Folgende Tabelle stellt Ursachen und Auswirkungen dar, die beim Löschen von Elementen eines CAD- oder PPS-System enstehen.

System	Aktion im System	Auswirkung/Ursachen
CAD	CAD-Element mit Verweis auf PPS-Objekt wird gelöscht	Muß das PPS-Objekt eventuell gelöscht werden?
PPS	Löschen PPS-Objektes innerhalb des PPS-Systems	Alle Verweise in allen CAD-Elementen auf das entsprechende PPS-Objekt müssen entfernt werden

Tabelle 3.1: Verbindungsinkonsistenzen

Beim Löschen eines PPS-Objektes ist keinerlei Information zu den logischen Verknüpfungen in den CAD-Systemen bekannt, so daß das Löschen der Verweise nicht möglich ist.

Folgerung 3.1: Die *logische Verbindung* von Objekten aus CAD- und PPS-Systemen ist demnach nur unter Inkaufnahme eventuell inkonsistenter Datenbestände einzusetzen.

3.1.4 Das CAD-Modul ohne die Zeichnungsverwaltung

Dieses Modul genügt, wenn dem CAD-Anwender reine Dienste eines Produktionsplanungssystems innerhalb der CAD-Umgebung angeboten werden sollen. Das Modul wird als *CAD-PPS-Modul* bezeichnet.

Die Hauptaufgabe dieses Moduls ist es, dem Konstrukteur die Möglichkeit zu geben, sich aktiv in der DV-gestützten Materialwirtschaft innerhalb eines Produktionsplanungssytems zu beteiligen. Dazu gehören Funktionen wie das Anlegen von Materialien, das Erstellen von Stücklisten und sämtliche Informationsbeschaffungen aus dem Produktionsplanungssystem.

3.1.4.1 Funktionen des CAD-PPS-Modul

Innerhalb des CAD-PPS-Moduls sind folgende Funktionen zu realisieren:

- Verbindungsauf- und abbau zum Produktionsplanungssystem.

- Aufsuchen, Anzeigen, Ändern und Anlegen von Materialien.

- Anzeigen, Ändern und Erstellen von Stücklisten.

3.1.5 Das CAD-Modul mit der Zeichnungsverwaltung

Die Integration des PPS-Systems in ein CAD-System sollte wie in Kapitel 1.5 beschrieben, innerhalb der Zeichnungsverwaltung stattfinden und mit bestimmten Kopplungsfunktionen versehen sein. Dieses Aufgabe erfüllt das *ZVS-PPS-Modul*.

Die Zeichnungsverwaltung CAD-ZV von der CENIT GmbH dient dabei als Kopplungsbaustein. Die Verbindung zwischen dem Produktionsplanungssystem und der Zeichnungsverwaltung erfolgt in folgenden Bereichen:

1. Automatische Übernahme von Sachmerkmalen eines Materialstamms in Schriftfelder des Zeichnungskopfes (Sachmerkmal-Datenübernahme).

2. Anzeigen von Stücklisten- und Materialstammsatzinformationen, die in einer Zeichnung der Zeichnungsverwaltung enthalten sind (Anzeigefunktionen).

3. Automatisches Erzeugen von Dokumenten im Produktionsplanungssystem, mit Bezug auf Materialstammdaten, innerhalb eines definierten Freigabeprozesses (automatische Dokumentgenerierung).

Der Funktionsumfang des *ZVS-PPS-Moduls* setzt sich aus den Funktionen des *CAD-PPS-Moduls* und aus den im folgenden Kapitel beschriebenen *Kopplungsfunktionen* zusammen.

3.1.5.1 Kopplungsfunktionen

Folgende *Kopplungsfunktionen* sind nur innerhalb des ZVS-PPS-Moduls vorhanden und bauen auf festen Bestandteilen der Zeichnungsverwaltung auf. Im ersten Kopplungsschritt war darauf zu achten, nicht allzugroße Eingriffe in die Struktur der Zeichnungsverwaltung CAD-ZV zu vollziehen. Eine generelle Erweiterung der Zeichnungsverwaltung um die Schnittstelle zu Produktionsplanungssystemen hätte einen enorm höheren Arbeitsaufwand verlangt.

3.1.5.1.1 Sachmerkmal-Datenübernahme

Ein Zeichnungskopf besteht aus verschiedenen Schriftfeldern, die vor dem Erzeugen des Zeichnungskopfes durch den Konstrukteur auszufüllen sind. Die *Sachmerkmal-Datenübernahme* soll dabei den Konstrukteur unterstützen, indem er Sachmerkmale eines Materialstammsatzes in den Zeichnungskopf übernimmt. Welche Sachmerkmale in die jeweiligen Felder des Zeichnungskopfes übernommen sind, müssen in der Zeichnungsverwaltung definiert sein.

3.1.5.1.2 Anzeigefunktionen

Alle Eingaben, die beim Erstellen eines Zeichnungskopfes durchgeführt wurden, können jederzeit wieder angezeigt werden. Sind Daten aus einem externen System (Produktionsplanungssystem) in einer Zeichnung enthalten, muß die Möglichkeit bestehen diese externen Daten vollständig anzuzeigen.

Beispiel 3.1: In einen Zeichnungskopf wurden Daten aus einem SAP-Materialstamm mit Hilfe der Sachmerkmal-Datenübernahme übernommen. Anhand der enthaltenen Sachmerkmale muß nun der komplette Materialstammsatz aus dem Produktionsplanungssystem geladen und angezeigt werden können.

3.1.5.1.3 Automatische Dokumentgenerierung

Der Freigabeprozeß einer technischen Zeichnung wird im jeweiligen Produktionsplanungssystem dokumentiert. Dabei sind Verweise zwischen dem zu erzeugenden Dokument und in der Zeichnung eventuell enthaltenen Materialstammsatzinformationen aufzubauen. Durch diese Dokumentation können betriebsweit alle Mitarbeiter auf Informationen aus der Konstruktion zurückgreifen.

Die Erstellung eines Dokuments erfolgt über die CAD-ZV *User-Exits*. Ein *User-Exit* ist eine Möglichkeit an definierten Stellen innerhalb der Zeichnungsverwaltung externe Programme aufzurufen. Bei sämtlichen Stufen eines Freigabeprozesses wird ein *User-Exit* hinterlegt, welcher ein SAP-Dokument erstellt. Durchläuft dabei eine Zeichnung mehrmals dieselbe Stufe eines Freigabeprozesses, ist die Dokumentenversion zu erhöhen.

3.1.5.2 Kopplungsproblem

Ziel einer Kopplung ist mitunter die Vermeidung inkonsistenter Datenbestände. Dieses Ziel ist jedoch nur zu erreichen, wenn Daten ausschließlich im jeweiligen Produktionsplanungssystem gehalten werden. Schon die Übernahme einer Materialnummer in die Zeichnungsver-waltung kann zu Inkonsistenzen führen, wenn das Material im PPS-System gelöscht aber der Verweis in der Zeichnungsverwaltung nicht entfernt wird. Das in Kapitel 2.4 vorgestellte Ziel der zentralen Datenhaltung, um Redundanzen zu vermeiden, ist damit nicht zu erreichen.

Dieses Problem ist meiner Meinung nach erst dann zu lösen, wenn sich die Da-tenhaltung einzelner Softwareprodukte auf einen gemeinsamen Datenträger be-schränkt (siehe Anhang C).

3.2 Spezifikation des Customizing-Modul

Die PPS-Schnittstelle ist vor ihrem Einsatz auf die firmenspezifischen Anforderungen und Eigenschaften anzupassen. Diese Aufgaben sind mit Hilfe des *Customizing-Modul* durch-zuführen. Die wesentlichen Funktionen des *Customizing* sind:

- Globale Benutzerverwaltung

- Kommunikationsverwaltung

- Downloadfunktion

- Skalierung

- Administration

Das *Customizing-Modul* soll als eigenständiges, unter einer alphanumerischen Oberfläche laufendes Programm zur Verfügung stehen und unter den Betriebssystemen Unix, VM[4] und MVS[5] einsetzbar sein.

Bemerkung 3.2: Die Einsatzgebiete des *Customizing* sind durch die geforderte Unterstützung des SAP R/2 (auf Großrechner) wie auch R/3-Systems (Client/Server-Architektur unter Unix) festgelegt. Wobei die Unterstützung der Großrechnersysteme im Hinblick auf die zu verwendende Oberfläche gewisse Einschränkungen erfordert. Auf einem Großrechnersystem stehen keine grafischen, sondern nur textorientierte Oberflächen mit einem maximalen An-zeigemodus von 80x25 Zeichen zur Verfügung.

---

[4]VM Virtuell Machine, Betriebssystem für IBM-Großrechner.
[5]Multi Virtuell Systems, IBM Betriebssystem für Großrechner.

3.2.1 Globale Benutzerverwaltung

In einem Unternehmen gibt es unterschiedliche Aufgabengebiete, die durch die elektronische Datenverarbeitung (DV) zu unterstützen sind. Jedes Aufgabengebiet umfaßt wiederum bestimmte Tätigkeiten, welche von unterschiedlichen Benutzern durchzuführen sind. Dabei besitzen die Anwender jeweils verschiedene Zugriffsberechtigungen auf Datenbestände innerhalb des Unternehmens. Sollen solche firmenspezifischen Anwenderberechtigungen in Softwareprodukten abgebildet werden, ist eine Benutzerverwaltung mit einer Zugriffsberechtigung nötig. Die Zugriffsberechtigung prüft, ob ein Anwender dazu brechtigt ist, bestimmte Aktionen auf Objekte durchzuführen.

Im Falle der Kopplung eines Produktionsplanungssystems mit der Zeichnungsverwaltung CAD-ZV von CENIT existieren zwei völlig voneinander getrennte Benutzerverwaltungen. Zum einen die des PPS-Systems und zum anderen die der Zeichnungsverwaltung. Beide Systeme besitzten zusätzlich eine eigene Berechtigungsprüfung.

Mit der *globalen Benutzerverwaltung* soll der Anwender in der Lage sein mit genau einem Benutzer auf beide Systeme zuzugreifen. Dies wird über folgende Zuordnung erreicht.

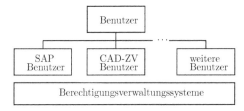

Abbildung 3.3: Benutzerzuordnungen

Dem Benutzer der *globalen Benutzerverwaltung* werden anwendungsspezifische Benutzer zugeordnet. Im vorliegenden Fall sind dies SAP und CAD-ZV-Benutzer. Sämtliche anwendungsspezifischen Berechtigungsprüfungen finden innerhalb der speziellen Anwendung statt. Die *globale Benutzerverwaltung* beinhaltet sowohl die Definition von Benutzern wie auch Benutzergruppen. Die Benutzergruppe dient dem Zusammenschluß meherer Benutzer zu einer *Gruppe*.

3.2.1.1 Virtueller Benutzer

Innerhalb der globalen Benutzerverwaltung wird ein Benutzer als *virtueller Benutzer* bezeichnet. Die Bezeichnung *virtuell* wurde gewählt um zu verdeutlichen, daß ein Benutzer nicht nur innerhalb einer, sondern unterschiedlichster Anwendungen arbeiten kann. Er befindet sich in einer *virtuellen Anwendungswelt*.

Innerhalb der Schnittstelle zum SAP-System repräsentiert ein *virtueller Benutzer* einen CPIC-Benutzer[6]. Demzufolge ist dem *virtuellen Benutzer* ein CPIC-Benutzer zuzuordnen:

---

[6]Der CPIC-Benutzer ist ein SAP-Benutzer. Er wird benötigt, um mit dem CAD-Interface arbeiten zu können.

CPIC-Benutzer $\longrightarrow$ *virtueller Benutzer*

Der CPIC-Benutzer besitzt bestimmte, im SAP festgelegte, Berechtigungen. Durch obige Zuordnung übertragen diese sich auf den *virtuellen Benutzer*.

3.2.1.2 Benutzerzuordnungen

Für den Einsatz des Produktionsplanungssystems SAP ist obige Zuordnung zwischen *virtuellem-* und *CPIC-Benutzer* für die anwendungsspzifische Berechtigungsprüfung notwendig. Diese Zuordnung läuft folgendermaßen ab: Einem angelegten virtuellem Benutzer ist die Anwendung SAP zuzuteilen. Anschließend hinterlegt man dem virtuellem Benutzer den Namen eines CPIC-Benutzers aus dem SAP-System. Zur eindeutigen Klassifizierung des CPIC-Benutzers innerhalb eines SAP-Systems sind noch folgende zusätzliche Angaben zu machen:

- Mandant, indem sich der CPIC-Benutzer befindet.

- SAP-System, unter dem sich der Mandant befindet.

Weiterhin soll die Möglichkeit bestehen, einem virtuellem Benutzer mehrere ihm zur Verfügung stehende CPIC-Benutzer zuzuordnen.

Bemerkung 3.3: Das SAP-System verlangt beim Anmelden über das CAD-Interface die Angabe des Parameters CADSYS[7]. Damit ist noch eine Zuordnung zwischen virtuellem Benutzer und CADSYS durchzuführen.

3.2.1.3 Benutzergruppen

Die Benutzerverwaltung beinhaltet nicht nur Benutzer sondern zusätzlich noch *Benutzergruppen*. Eine *Benutzergruppe* stellt den Zusammenschluß meherer Benutzer zu einer organisatorischen Einheit dar. Dieser Gruppe können, wie einzelnen Benutzern, beliebige Bedeutungen und Berechtigungen zugeordnet sein.

Sollen mehrere virtuelle Benutzer dieselben Parameter zugeordnet bekommen, ist der Einsatz einer *Benutzergruppe* sehr vorteilhaft. Die Parameterzuordnung ist dann genau einmal für die *Benutzergruppe* durchzuführen. Anschließend sind nur noch die *Gruppenmitglieder* in die Gruppe aufzunehmen.

---

[7]Das CADSYS wird in der SAP-Regeltabelle TCIM (siehe Kapitel 2.3.7) definiert.

3.2.2 Kommunikationsverwaltung

Die Kommunikation zwischen einem SAP-System und einem externen Programm über das CAD-Interface, ist außerhalb von SAP durch die zwei Konfigurationsdateien

- `sideinfo`

- `caddialg.ini`

zu beschreiben. Bei jedem Verbindungsaufbau zu einem SAP-System mittels dem CAD--Interface wird erwartet, daß diese Konfigurationsdateien vorhanden sind.

Das Customizing verwaltet diese Konfigurationsdateien in eigenen Tabellen. Anhand dieser Tabellen werden bei einem Verbindungsaufbau die entsprechenden Kommunikationsdateien (`sideinfo` und `caddialg.ini`) per Programm erstellt.

3.2.2.1 Sideinfo-Verwaltung

Jede Sideinfo-Datei repräsentiert eine mögliche Verbindung zu einem existierenden SAP-System. Im Customizing kann jedes SAP-System durch einen Eintrag in eine *Sideinfo-Tabelle* beschrieben werden. Die eigene Verwaltung dieser Konfigurationsdatei hat folgende Vorteile:

- Es besteht die Möglichkeit, mehrere SAP-Systeme zu definieren und damit verbunden auch zu betreiben, ohne die manuelle Bearbeitung (zum Beispiel durch einen Texteditor) der Datei `sideinfo` durchführen zu müssen.

- Einträge in die *Sideinfo-Tabelle* können durch das Customizing auf Korrektheit geprüft werden (zum Beispiel Existenz eines TCP/IP Services).

- Die SAP-Schnittstelle kann sich nur unter denen im Customizing definierten *Sideinfo-Einträgen* anmelden. Dadurch wird Fremdeinfluß auf die SAP-Schnittstelle vermieden.

- Die Definitionen der *Sideinfo-Einträge* erfolgen menügesteuert und im Benutzerdialog.

Beispiel 3.2: In einem Unternehmen existiert ein SAP R/3 System auf einem Unix-Rechner. Zusätzlich wird noch ein älteres R/2-System auf einem Großrechner betrieben. Jeder Benutzer der SAP-Schnittstelle soll nun die Möglichkeit besitzen mit beiden Systemen arbeiten zu können.

Hierfür genügt es, im Customizing zwei verschiedene SAP-Systeme (zum Beispiel mit dem SAP-Namen sap1 und sap2) einmal zu definieren. Die Entscheidung, mit welchem SAP-System der Anwender arbeiten möchte, erfolgt beim starten des CAD-Moduls durch die Angabe eines definierten SAP-Namen (zum Beispiel sap1). Das CAD-Modul erkennt anhand dieses Namen, daß dieses System im Customizing konfiguriert wurde und baut die Verbindung zum entsprechenden Rechner auf. Der Anwender muß hierbei keinerlei Kenntnisse über die spezifischen Kommunikationsparameter besitzen.

3.2.2.2 Caddialg-Verwaltung

Die Verwaltung der Konfigurationsdatei `caddialg.ini` erfolgt über die *Caddialg-Verwaltung*. Wesentliche Bestandteile der Datei `caddialg.ini` sind zum einen die *Anmeldeparameter* (Mandant, CADSYS, CPIC-Benutzer, Kennwort, Sprache, usw.) und zum anderen verschiedene *Traceparameter*. Sämtliche *Anmeldeparameter* müssen der SAP-Schnittstelle bekannt sein, um die in Kapitel 3.2.1.2 beschriebenen Zuordnungen treffen zu können.

Auch hier sind in einer eigenen *Caddialg-Tabelle* alle möglichen Einträge abgelegt. Vor einem Anmeldevorgang über die CAD-Interface-Funktion *SapConnc*, ist eine entsprechende `caddialg.ini`-Datei aus einem Tabelleneintrag durch ein Programm zu erzeugen.

3.2.3 Downloadfunktion

Die *Downloadfunktion* innerhalb des Customizing hat die Aufgabe spezielle, für die SAP-Schnittstelle benötigte, Konfigurationsdateien aus dem Produktionsplanungssystem auszulesen und in entsprechenden lokalen Tabellen[8] abzulegen.

Prinzipiell können dies unterschiedlichste Informationen aus einem Produktionsplanungssystem sein. Für die SAP-Schnittstelle sind dies Informationen aus den SAP-Regeltabellen für das CAD-Interface (siehe Kapitel 2.3.7). Diese Regeltabellen definieren unter anderem, welche Felder zu welcher Funktion des CAD-Interface zur Verfügung stehen. Wird im CAD-System eine SAP-Funktion ausgeführt, sind genau die Felder auf dem CAD-Bildschirm[9] anzuzeigen, welche in den Regeltabellen definiert wurden.

Eine Dialogmaske wird unter den CAD-Systemen CATIA und CADAM mit Hilfe des CAD-Panelinterpreters dargestellt. Die Beschreibung der Dialogmasken erfolgt in einer Panellayouttabelle (siehe hierzu Tabelle 4.2.3.1 und Anhang A). Die Aufgabe der *Downloadfunktion* für die SAP-Schnittstelle besteht darin, zu jeder Funktion des CAD-Interfaces, eine solche Panellayouttabelle anhand der SAP-Regeltabellen zu erzeugen.

3.2.4 Skalierung

Die *Skalierung* dient zur Anpassung der durch einen *Download* erstellten Tabellen. Hier stehen folgende Skalierungsmöglichkeiten zur Verfügung:

- Panellayouttabelle anpassen

- Eingabefelder mit Defaultwerten (Vorgabewerte) belegen

Bemerkung 3.4: Mit den oben beschriebenen *Skalierungsmöglichkeiten* kann die Schnittstelle an die speziellen Kundenanforderungen angepaßt werden.

---

[8]Lokale Tabellen verwaltet das Customizing
[9]zum Beispiel in einer Dialogmaske

3.2.4.1 Panellayouttabelle anpassen

Die Anpassung der Panellayouttabelle sieht vor, folgende Funktionen bereitzustellen:

- Feldnamenbezeichnung anpassen

- Farbtabelle ändern

3.2.4.1.1 Feldnamenbezeichnung anpassen

Alle Datenfelder der SAP-Regeltabellen TCIU und TCID besitzen einen Feldnamen. Der Feldname ist eine beliebige Bezeichnung für das eigentliche SAP-Datenfeld aus dem Data-Dictionary. Innerhalb des SAP-Customizing (zur Konfiguration des CAD-Interface) besteht die Option, eine Kurzbeschreibung zu einem Feldnamen zu hinterlegen. Beispielsweise wäre dem Feldnamen `PLANT` die Kurzbeschreibung `"Werk"` zu hinterlegen. Diese Kurzbezeichnung ist sinnigerweise im CAD anzuzeigen. Beim Generieren der Panellayouttabellen, durch einen Downlaod, muß der Feldname (zum Beispiel `PLANT`) durch einen hinterlegten Kurztext ersetzt und in das Panel geschrieben werden.

Bei einem Versuch den Kurztext eines Feldnamens mit Hilfe des CAD-Interface auszulesen, stellte sich heraus, daß dies nicht möglich ist. Nach Rücksprache mit der SAP AG, bezüglich dieses Problems, wurde mir bestätigt, daß derzeit keine Kurztexte über das CAD-Interface ausgelesen werden können. Eine dafür vorgesehene Funktion sei erst ab dem Release 3 von SAP R/3 verfügbar.

Besitzt ein Kunde nicht das notwendige SAP-Release, welches das Auslesen der Kurztexte unterstützt, besteht nur die Möglichkeit den Feldnamen im CAD-Panel anzuzeigen. Da dieser nicht allzuviel Aussagen über die Bedeutung des Datenfeldes macht, ist die Vergabe von *Feldnamenbezeichnungen* zu ermöglichen. Dabei wird die Panellayouttabelle beim Download erst mit den Feldnamen erzeugt. Über das Customizing kann man diesen Feldnamen *Feldnamenbezeichnungen* hinterlegen, welche dann im CAD auch anzeigbar sind.

3.2.4.1.2 Farbtabelle ändern

Jedes Element einer Panellayouttabelle besitzt ein Farbattribut. Diesem Farbattribut sind in einer Tabelle bestimmte Farben zugeordnet. Der Anwender soll durch das Ändern der Farbattributstabelle die Möglichkeit erhalten sich eigene Panelfarben auszuwählen.

Bemerkung 3.5: Aufgrund der relativ häufig vorkommenden Farbenblindheit ist diese Anpassungsmöglichkeit sehr sinnvoll.

3.2.4.2 Defaultbelegung

Die *Defaultbelegung* dient zur Vorbelegung von Eingabefeldern, die durch den Benutzer aus-zufüllen sind. Ein Default kann immer nur für ein Panel zu einer Funktion hinzugefügt werden. Ist einem Eingabefeld ein Defaultwert hinterlegt, so erscheint beim Öffnen des Paneles dieser Wert voreingetragen. Es existieren zwei Arten von Defaults:

- Text-Default

- Sonderdefault

Der *Sonderdefault* wird wie folgt definiert:

Definition 7 *Ein Sonderdefault ist die Definition eines Merkmals, welches durch ein Programm beschrieben wird.*

3.2.5 Administration

Das Customizing ist ein zentraler Punkt der PPS-Schnittstelle. Falsche Konfigurationen können zu Fehlern oder zu falschen Funktionsweisen der Schnittstelle führen. Bestimmte Aufgaben, wie zum Beispiel die Einstellung der Kommunikationsparameter, sollte nur von sach-verständigen Mitarbeitern ausgeführt werden dürfen. Demzufolge muß es einen *Administrator* geben, der diese Aufgaben durchführen kann. Der *Administrator* bekommt im Customizing alle zur Verfügung stehenden Funktionen angeboten. Die anderen Benutzer des Customizings erhalten nur eine eingeschränkte Funktionalität.

Kapitel 4

Datenmodellierung der PPS-Schnittstelle

Die getroffenen Spezifikationen der einzelnen Module aus vorigem Kapitel 3 bildeten die Grundlagen der Datenmodellierung. Anhand der Anforderungen an die jeweiligen Module wurde das Datenmodell sukzessive aufgebaut.

4.1 Vorbereitungen für das Datenmodell

Thema dieser Vorbereitung für das Datenmodell ist die Festlegung, wie das Datenmodell und unter welchen Voraussetzungen es zu entwickeln ist. Dazu gehören: Festlegung allgemeiner *Ziele*, geforderte *Normalform*, zugrunde liegende *Datenbasen* und *Zugriffsmechanismen* auf die Daten.

4.1.1 Ziele der Datenmodellierung

Das Datenmodell wurde unter Einhaltung folgender Ziele [18] entworfen:

- Formalisierung des Informationsgehalts der Daten (logische Datenstrukturen)

- Vermeiden von Details der physischen Abspeicherung

- Keine Beschreibung des Zugriffs zu den Daten aus der Sicht einzelner Anwendungen

- Darstellung der Daten als strukturierte Mengen

- Strukturierung der Daten im Hinblick auf die Operationen mit den Daten, ohne Ausnutzung von Implementierungsaspekten (abstrakter Datentyp)

4.1.2 Normalform

Aus theoretischen Gesichtspunkten sollten alle Entitätsmengen eines Datenmodells normalisiert sein, das heißt alle verwendeten Attribute treten nur atomar auf. Diese Forderung ist erreicht, wenn sich alle Entitätsmengen in der *Normalform* oder auch *Boyce-Codd-Form* genannt befinden.

Das vorliegende Datenmodell war in die *dritte Normalform* zu bringen. Hierzu müssen folgende Punkte erfüllt sein [18]:

1. Ein Relationenschema $R(A_1, \ldots, A_n)$ wird als normalisiert bezeichnet, bzw. ist in *erster Normalform*, wenn seine Wertebereiche elementar sind, d.h. keine Relationen oder komplexe Datenobjekte als Elemente besitzt.

2. Ein Relationenschema ist in *zweiter Normalform*, wenn es sich in der 1. Normalform befindet und jedes Nichtschlüsselattribut voll funktional vom gesamten Schlüsselbereich der Relation abhängig ist.

3. Ein Relationenschema ist in *dritter Normalform*, wenn es sich in der 2. Normalform befindet und kein Nichtschlüsselelement transitiv von den Schlüsselattributen der jeweiligen Relationen abhängig ist.

4.1.3 Datei- und Datenbanklösung

Die PPS-Schnittstelle muß sowohl auf Basis einer relationalen Datenbank wie auch auf Basis einer reinen Dateilösung einsetzbar sein. Die Datenbanklösung ist einzusetzen wenn ein Kunde bereits eine Datenbank besitzt. Im anderen Falle kann die Dateilösung zum Einsatz kommen. Prinzipiell ist der Einsatz einer Datenbanklösung aus folgenden Punkten zu empfehlen:

- Ein Datenbanksystem erfüllt die geforderten Integritäts- und Sicherheitskontrollen.

- Die Datenbanksoftware führt alle Aufgaben der Speicherung und Verwaltung der Daten aus.

- Die Datenbankzugriffsmechanismen sind optimiert. Dadurch lassen sich auch kurze Zugriffszeiten auf große Datenmengen erzielen.

- Ausreichende Zugriffsschutzmechanismen sind vorhanden.

Die Unterstützung beider Datenbasen erfolgt über eine Programmschnittstelle mit der Bezeichnung TRMAN (TRansaktions MANanger). Alle Zugriffe auf Dateien oder Datenbanktabellen sind über diese Schnittstelle durchzuführen. Das Schnittstellenprogramm ruft Unterprogramme auf, welche entweder Datei- oder Datenbankzugriffe durchführen. Also existiert zu jedem TRMAN-Unterprogramm für jede Datenbasis genau ein Unterprogramm. Die Unterprogramme, welche einen Datenbankzugriff durchführen sind in der Datenbankabfragesprache SQL zu schreiben. Unterprogramme für die Dateilösung können mit den üblichen Programmiersprachen erstellt werden. Diese bieten in der Regel alle Funktionen zum Öffnen, Lesen und Schreiben von Dateien an. Folgende Abbildung 4.1 stellt die beiden Zugriffskonstellationen über das Schnittstellenprogramm TRMAN dar:

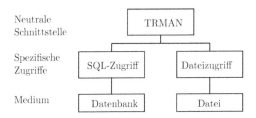

Abbildung 4.1: TRMAN Schnittstelle

4.1.4 Binärers Suchverfahren

Das Aufsuchen von Daten ist eine der am häufigsten benötigten Aufgaben der Informatik. Um diese mit möglichst geringem Zeitaufwand durchzuführen, entwickelte man spezielle Suchverfahren. Ein solches Verfahren ist das *binäre Suchverfahren*. Die Komplexität dieses Verfahrens beträgt:

$$f(n) = O(log_2 \, n) \qquad (4.1)$$

Wobei n die Gesamtanzahl der Elemente ist über die gesucht wird. Im Vergleich zur sequentiellen Suchmethode, bei der $f(n) = O(n/2)$ beträgt, ist damit eine erhebliche Verkürzung der Suchzeiten zu erreichen. Das *binäre Suchverfahren* ist jedoch nur auf Datenmengen die auf- oder absteigend sortiert sind anzuwenden. Das Verfahren ist sowohl auf numerische wie auch auf nichtnumerische Suchschlüssel anwendbar.

Bemerkung 4.1: Das *binäre Suchverfahren* kann auch auf Dateien angewandt werden. Sämtliche Dateien, auf die *binär* zugegriffen werden soll, müssen innerhalb der Suchbereiche sortiert sein. Die Angabe der sortierten Suchbereiche erfolgt stets bei der Definition solcher Tabellen. Für die Datenbanklösung ist eine *binäre Suchmethode* nicht nötig. Hier genügt es, die Suchfelder mit einem Index in der Datenbank zu versehen.

4.1.5 Bitcodierte Spalten

In verschiedenen Entitätsmengen treten Attribute auf, deren Merkmale nur Zahlen des 2er Systems annehmen können. Solche Attribute werden zukünftig als *bitcodiert* bezeichnet. Ein Merkmal z in der i-ten Zeile einer Datei oder Tabelle errechnet sich mit:

$$z = 2^i \qquad (4.2)$$

Wird eine Summe aus beliebigen *bitcodierten* Merkmalen gebildet, ergibt sich die sogenannte *Bitsumme*. Um die *Bitsumme* wieder in ihre Summanden zu zerlegen[1], ist ein *Bittest*[2] notwendig. Der *Bittest* ermittelt die gesetzten Bits in der *Bitsumme*.

---

[1]Lösung des Untersummenproblems

[2]Die Durchführung eines *Bittest* erfolgt durch ein Unterprogramm. Ein Bittestprogramm ist standardmäßig in fast allen Programmiersprachen enthalten.

Beispiel 4.1: Aus den Zahlen des 2er Systems $a_1 = 1 = 2^0$ und $a_2 = 4 = 2^2$ wird folgende Bitsumme s gebildet:

$$s = \sum_{i=1}^{2} a_i = 5$$

Die duale Darstellung der *Bitsumme* $s = 5$ lautet:

$$s = 0101$$

Mit Hilfe eines *Bittestprogramms* läßt sich feststellen, daß das 0te und das 2te Bit in der *Bitsumme* $s = 5$ gesetzt ist.

4.1.5.1   Verwendung bitcodierter Spalten

Diese *bitcodierten* Merkmale dienen zur Erstellung von *1:n* Beziehungen. Diese erhält man, indem einem Merkmal M eine *Bitsumme* s wie folgt zugeordnet wird:

$$s \rightarrow M \tag{4.3}$$

Beispiel 4.2: Dem virtuellen Benutzer Tobias, sind die zwei Anwendungen SAP und CAD-ZV zuzuordnen. Nach Tabelle BASANWD (siehe 4.2.1.2) ergibt die Bitsumme s für die Anwendungen SAP und CAD-ZV:

$$s = 1 + 4 = 5$$

Die Zuordnung $s \rightarrow M$, also $5 \rightarrow$ *Tobias* baut die gewünschte *1:n* Beziehung auf. Will man prüfen, welche Anwendungen dem virtuellen Benutzer Tobias zugeordnet wurden, genügt es, die Bitsumme $s = 5$ im 2er System darzustellen.

$$5 = 2^0 + 2^2$$

Ein Bittestprogramm stellt fest, daß das 0te und 2te Bit gesetzt ist. Nach Tabelle BASANWD sind demnach die Anwendungen SAP und CAD-ZV dem Benutzer Tobias zugeordnet.

4.1.6 Tabellenschreibweise

Die Beschreibung der Entitätsmengen des Datenmodells erfolgt in tabellarischer Form. Eine Entitätsmenge wird wie in folgender Tabelle beschrieben dargestellt:

Primärschlüssel (i)	Sekundärschlüssel (i+1)	Tabelleneintrag 1	...
Datentyp, Länge	Datentyp, Länge	Datentyp, Länge	...
von:bis	von:bis	von:bis	...
Beispieleintrag	Beispieleintrag	Beispieleintrag	...
...	...	...	...

Tabelle 4.1: Tabellenschreibweise

Die Bereichsangabe (von:bis) ist implizit in der Beschreibung der Länge enthalten, durch die Bildung der Summe der einzelnen Längen. Aus praktischen Gründen ist es jedoch sinnvoll die Bereiche nochmals explizit anzugeben. Die Angabe der Spalten nach denen die Tabelle soriert ist, erfolgt durch eine in Runden Klammern stehenden Zahl. Alle *Primärschlüssel* sind doppelt und sämtliche *Sekundärschlüssel* einfach unterstrichen. Die Datentypen und deren Länge (Formate) können folgende Werte annehmen:

Format	Bedeutung
C(n)	C für Character der Länge n
F(n.m)	F (Float) steht für eine reelle Zahl mit n Vorkomma- und m Nachkommastellen
I(n)	I für Integer mit n-Stellen

Tabelle 4.2: Formatangaben

4.2 Logisches Datenbankdesign

Eine Forderung an die PPS-Schnittstelle ist, daß sie für beliebige Produktionsplanungssysteme einsetzbar ist. Demzufolge ist eine Aufteilung des Datenmodells in verschiedene *Schichten* nötig. Besonders ist darauf zu achten, daß alle Entitätsmengen welche Abhängigkeiten zu Produktionsplanungssystemen besitzen, klar von den anderen *Schichten* zu trennen sind. Das folgende Datenmodell ist in vier *Schichten* unterteilt:

- Basis-Schicht

- SAP-Schicht (allgemein PPS-Schicht)

- Panel-Schicht

- ZVS-SAP-Schicht (allgemein ZVS-PPS-Schicht)

Bemerkung 4.2: Die vom Produktionsplanungssystem SAP abhänigen Schichten (hier SAP- und ZVS-SAP-Schicht) heißen im allgemeinen Fall PPS- und ZVS-PPS-Schicht.

4.2.1 Basis-Schicht

Diese Schicht stellt eine absolut unabhängige *Datenbasis* dar. Alle hier abgelegten Informationen dienen zur Beschreibung von:

- Benutzer

- Benutzergruppen

- Betriebssystemen

- Anwendungen

- Sonderdefaults (siehe Definition 7 in Kapitel 3.2.4.2)

Teil dieser *Datenbasis* ist die Benutzerverwaltung. Mit ihr werden Benutzer angelegt und verwaltet. Über sogenannte Zuordungstabellen sind einem Benutzer Eigenschaften wie Betriebssystemzugehörigkeit oder Zugriffsrechte auf Anwendungen zuzuordnen. Alle zuordenbare Parameter befinden sich ausschließlich in der *Basis-Schicht*.

4.2.1.1 Tabelle BASSDMD

SDMD – ID (1)	Bezeichnung
I8	C8
1:8	9:16
1	GTLOGIN

Tabelle BASSDMD beschreibt die Definition der verfügbaren *Sonderdefaults*. Primärschlüssel ist die eindeutige SDMD-ID nach der die Entitätsmenge auch aufsteigend sortiert ist. Die Bezeichnung dient zur textlichen Beschreibung des jeweiligen Programms, welches ein Merkmal erzeugt.

Beispiel 4.3: Es wird ein *Sonderdefault* mit dem Namen *GTLOGIN* definiert[3]. Diesem *Sonderdefault* ist ein C-Programm[4] zu hinterlegen. Dieses weist beim Aufruf dem *Sonderdefault GTLOGIN* ein entsprechendes Merkmal zu.

4.2.1.2 Tabelle BASANWD

ANWD – ID (1)	Anwendungsname	Kbez.
I8	C40	C3
1:8	9:48	49:51
1	SAP R/3	SAP
2	CAD-ZV	ZVS

---

[3]Diese Definition kann nur intern durch die CENIT GmbH erfolgen.
[4]Den Loginnamen läßt sich durch die C-Standardroutine `getlogin()` ermitteln.

Sämtliche Anwendungen, die einem Benutzer zugeordnet werden können sind hier abgelegt. Der Primärschlüssel ANWD-ID (Anwendungsnummer) ist bitcodiert. Dadurch lassen sich, wie in Kapitel 4.1.5 beschrieben, *1:n* Beziehungen zwischen Benutzer und Anwendungen aufbauen.

4.2.1.3 Tabelle BASSYS

System – ID (1)	Betriebsystemname
I8	C8
1:8	9:16
1	AIX
2	VM
3	MVS

Diese Tabelle beinhaltet alle durch die Software unterstützten Betriebssysteme. Jedes Betriebssystem erhält eine eindeutige Nummer (System-ID), nach der auch die Sortierung erfolgt.

4.2.1.4 Tabelle BASVUSR

VIR – UID	Benutzer (1)	Kennwort	Datum	Zeit
I8	C12	C8	C10	C8
1:8	9:20	21:28	29:38	39:46
4711	Tobias	geheim	tt.mm.yyyy	ss:mm:ss

Die Definition der virtuellen Benutzer erfolgt in dieser Entitätsmenge. Beim Anlegen wird dem neuen Benutzer eine eindeutige VIR-UID zugewiesen. Das Kennwort sollte in verschlüsselter Form abgelegt sein. Die Verschlüsselung ist beispielsweise durch das *RSA-Verfahren* [3] durchzuführen. Die Sortierung erfolgt hier nach dem Benutzernamen, da bis auf den automatischen Anmeldevorgang (siehe Kapitel 5.1.2) immer der Benutzernamen und nicht der eindeutige Primärschlüssel VIR-UID als Suchschlüssel dient. Die Attribute Datum und Zeit dienen reinen Informationszwecken. Ihre Eintragung erfolgt beim Anlegen eines neuen virtuellen Benutzers.

4.2.1.5 Tabelle BASVUAN

VIR – UID (1)	ANWD-IDS (2)
I8	I8
1:8	9:16
4711	5

Diese Entitätsmenge ordnet einem virtuellen Benutzer die ihm zur Verfügung stehenden Anwendungen zu. Alle zugeordneten Anwendungen sind in der Bitsumme ANWD-IDS enthalten. Die Sortierung erfolgt nach dem Fremdschlüssel VIR-UID.

4.2.1.6 Tabelle BASUSYS

System – ID (1) I8 1:8	Loginname (2) C8 9:16	VIR-UID I8 17:24
1	toby	4711
2	EBERLE	4711

Die Entitätsmenge BASUSYS ordnet einem virtuellem Benutzer Betriebssystemzugehörigkeiten zu. Der Loginname gibt den Namen des Benutzers auf dem zugeordneten Betriebssystem an. Er entfällt bei Betriebssystemen die keine Benutzer erfordern (DOS oder OS/2). Die Zuordnung erfolgt über den Fremdschlüssel System-ID und dem Loginnamen.

Bemerkung 4.3: Obige Beispielswerte ordnen dem virtuellen Benutzer 4711 die Betriebssysteme AIX und VM mit den Loginnamen toby (für AIX) und EBERLE (für das Betriebssystem VM) zu.

Bemerkung 4.4: Über diese Zuordnungstabelle läßt sich ein Anmeldevorgang, wie in Kapitel 5.1.2 beschrieben, automatisieren.

4.2.1.7 Tabelle BASVGRP

GRP – ID (1) I8 1:8	Gruppenname C12 9:20	Datum C10 21:30	Zeit C8 31:38
1	Personal	tt.mm.yyyy	ss:mm:ss

Hier erfolgt die Definition der Benutzergruppen. Primärschlüssel ist die eindeutige Gruppennummer GRP-ID nach der die Tabelle auch aufsteigend sortiert ist.

4.2.1.8 Tabelle BASVUGR

GRP – ID (1) I8 1:8	VIR – UID (2) I8 9:16
1	4711
1	4712

Die Zuordnung der Benutzer zu Benutzergruppen erfolgt in dieser Entitätsmenge. Die Sortierung erfolgt nach den Attributen GRP-ID und VIR-UID.

4.2.2   SAP-Schicht

Die Beschreibung der vom jeweiligen Produktionsplanungssystem abhängigen Daten erfolgt in dieser Schicht. Im vorliegenden Fall liegt das PPS-System SAP zugrunde. Demnach sind diese Daten von SAP abhängig. Sollen weitere Produktionsplanungssysteme durch die PPS-Schnittstelle unterstützt werden, ist eine Erweiterung dieser Schicht notwendig.

4.2.2.1   Aufteilung SAP-Schicht

Das Datenmodell zur Beschreibung der SAP-spezifischen Daten muß ähnlich wie die SAP-Unternehmensstruktur hierarchisch aufgebaut sein. Folgende Abbildung zeigt die SAP-Unternehmensstruktur aus der Sichtweise des CAD-Interface. Alle in dieser Hierarchie vorkommenden Ebenen benötigt das Interface. Folgende Abbildung zeigt den hierarchischen Aufbau des Datenmodells für die Definition der SAP-spezifischen Tabellen (SAP-Schicht):

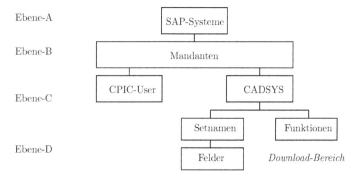

Abbildung 4.2: SAP-Schicht

Die Beschreibung der einzelnen Ebenen A-D erfolgt in nachstehender Aufstellung:

Ebene-A Die oberste Ebene definiert alle verfügbaren SAP-Systeme in einem Netzwerk[5].

Ebene-B Innerhalb eines SAP-Systems können mehrere Mandanten angelegt sein. Es existiert mindestens ein Mandant mit der Nummer 000.

Ebene-C Innerhalb eines Mandanten sind die von dem CAD-Interface benötigten CPIC-Benutzer und CAD-Systeme (CADSYS) definiert.

Ebene-D In der letzten Ebene werden alle verfügbaren Funktionen und Feldsets für den Up- und Download eines CADSYS definiert.

---

[5]In der Regel existiert nur ein SAP-System. Es gibt jedoch Unternehmen in denen mehrere SAP-Systeme koexistieren. Die DLW-AG betreibt ein R/2 und ein R/3 SAP-System in einem heterogenen Netzwerk [14].

Bemerkung 4.5: Der Baum besitzt die Ordnung 4 und ist damit ein 4-ärer Baum. Alle Knoten mit demselben Grad werden im folgenden als *Ebene* bezeichnet. Im *Downloadbereich* befinden sich Tabellen, die durch einen *Download* erstellt und durch das Customizing angepaßt bzw. geändert werden können.

Bemerkung 4.6: Die Tabellen innerhalb der SAP-Schicht beziehen sich auf die Ebenen A-D und lassen sich immer eindeutig genau einer Ebene zuordnen.

4.2.2.2 Tabelle SAPSYS

SAP – ID	KONST-ID	Bez.	DEST (1)	LU (2)	TP	PROTOCOL
I8	I8	C8	C8	C128	C64	C1
1:8	9:16	17:24	25:32	33:160	161:224	225:225
1	1	SAP	EDM	sap1	sapdp00	I/E/C/G

GWHOST	GWSERV	CPIC_TRACE	LOCAL_LU	MODE_NAME
C128	C20	C1	C8	C8
226:353	354:373	374:374	375:382	383:390
sap1	sapgw00	0-3		

KEEP_SESSION	GATEWAY	ACCESS	TIMEOUT	SESSION
C1	C6	C17	I8	I8
391:391	392:397	398:414	415:422	423:430
0/1			sec.	1-512

LULU_PWD	SEC_TYPE	SEC_PASSWORD	SEC_USER_ID	APPLIED
C8	I1	C8	C10	C8
431:438	439:439	440:447	448:457	458:465
	0-3			

GWPWD	NOSECURITY	DUMPSIZE
C20	C1	I8
466:485	486:486	487:494
	0/1	0-32k

Die Tabelle SAPSYS beschreibt die Parameter der `sideinfo`-Datei (siehe Kapitel 2.3.8.1.1). Diese haben für die unterschiedlichen Kommunikationsmöglichkeiten verschiedene Bedeutungen. Um beim Anlegen eines Datensatzes die Korrektheit der Daten prüfen zu können, muß zu jedem Eintrag die verwendete Konstellation (KONST-ID) zugeordnet sein. Erst anhand der KONST-ID erhalten die jeweiligen Attribute ihre eigentliche Bedeutung. Die Tabelle ist sortiert nach den Attributen DEST und LU. Ein neuer Tabelleneintrag wird entweder durch die Angabe eines noch nicht existierenden Logical Unit (Attribut LU) oder durch eine neue Destination (Attribut DEST) festgelegt.

Bemerkung 4.7: Die Bedeutung der Attribute ist abhängig von der Art der Verbindungskonstellation. Der Parameter LU zum Beispiel ist bei einer R/3 mit Unix Verbindung ein

Rechnername, wobei er bei einer R/2 mit Unix Verbindung ein Kommunikationsprofil der Leitung darstellt. Die Attribute von SAPSYS wurden aus den Quellen [11] und [12] entnommen.

4.2.2.3 Tabelle SAPKON

KONST – ID (1)	Protokoll	SAP-Type	Partner
I8	C8	C8	C8
1:8	9:16	17:24	25:32
1	TCP/IP	R/3	Unix
2	TCP/IP	R/3	Host
3	LU 6.2	R/2	Unix
4	LU 6.2	R/2	Host

Sämtliche durch die Schnittstellensoftware unterstützten Konstellationsmöglichkeiten werden hier beschrieben.

4.2.2.4 Beziehung zwischen SAPKON und SAPSYS

Folgende Tabelle beschreibt wie zu jeder Verbindungskonstellation (aus Tabelle SAPKON) eine Teilmenge von Attributen der SAPSYS-Tabelle (siehe Kapitel 4.2.2.2) zuzuordnen ist.

KONST-ID	Von	Bis	Parameter
1	25	32	DEST
1	33	160	LU
1	161	224	TP
1	225	225	PROTOCOL
1	226	335	GWHOST
1	354	373	GWSERV

Tabelle 4.3: Beziehungen zwischen SAPKON und SAPSYS

Die Werte Von und Bis geben die Position eines Sideinfo-Wertes innerhalb der Tabelle SAPSYS an. Beim Generieren eines Datensatzes für die Datei `sideinfo`, ist dessen Aufbau folgendermaßen ermittelbar:

```
Parameter=SAPSYS(Von:Bis)
```

Bemerkung 4.8: Die Beispieleinträge aus obiger Tabelle zeigen die benötigten Parameter für eine R/3-Unix-Verbindung. Bei dieser Verbindungskonstellation besitzt die KONST-ID den Wert 1.

4.2.2.5 Tabelle SAPMAND

SAP – ID (1)	MANDANT – ID (2)	Mandantenname
I8	I8	C3
1:8	9:16	17:19
1	1	101

Definition der Mandanten in einem SAP-System. Werden mehrere SAP-Systeme definiert, ist eine Unterscheidung in welchem System sich der Mandant befindet, zu treffen. Diese Unterscheidung wird durch den Fremdschlüssel SAP-ID durchgeführt. Logisch ist diese Tabelle SAPMAND der Ebene B zuzuordnen.

Bemerkung 4.9: Die Mandantennamen sind aus dem SAP-System zu entnehmen. Es besteht keine Möglichkeit, Mandanten über das CAD-Interface auszulesen.

4.2.2.6 Tabelle SAPCPIU

SAP – ID (1)	MANDANT – ID (2)	CPIC – UID (3)	CPIC-Benutzer
I8	I8	I8	C12
1:8	9:16	17:24	25:36
1	1	1	CPIC

CPIC-Kennwort	TRACESTD	TRACECPIC	TRACEDIR	Lang
C8	I2	I2	C80	C1
37:44	45:46	47:48	49:128	129:129
CENIT	3	3	/tmp	D/E

Diese Entitätsmenge beschreibt die zur Kommunikation mit dem SAP-System benötigten CPIC-Benutzer. Die zu definierenden Parameter sind Bestandteil der Konfigurationsdatei `caddailg.ini` aus Kapitel 2.3.8.1.2. Tabelle SAPCPIU liegt innerhalb der Ebene C unterhalb eines Mandanten. Der Primärschlüssel ist CPIC-UID. Zur Bestimmung, unter welchem SAP-System und unter welchem Mandanten der CPIC-Benutzer liegt, enthält die Tabelle die Fremdschlüssel SAP-ID und MANDANT-ID.

4.2.2.7 Tabelle SAPCAD

SAP – ID (1)	MANDANT – ID (2)	CADSYS – ID (3)	Name
I8	I8	I8	C10
1:8	9:16	17:24	25:34
1	1	1	DEMO

Definition der CAD-Systeme (CADSYS) innerhalb eines Mandanten (Ebene C).

Bemerkung 4.10: Die Namen der CAD-Systeme sind aus der SAP-Regeltabelle TCIM (siehe Tabelle 2.4) zu entnehmen.

4.2.2.8 Tabelle SAPUSER

VIR – UID	SAP – ID (1)	MANDANT – ID (2)	CPIC – UID (3)
I8	I8	I8	I8
1:8	9:16	17:24	25:32
1	1	1	1
1	1	2	2

CADSYS – ID (4)	Loginkennung
I8	C1
33:40	41:41
2	
3	X

Jedem Benutzer sind in dieser Entitätsmenge die ihm zur Verfügung stehenden Anmelde-konstellationen zugeordnet. Folgende Zuordnungen sind für das Anmelden im SAP über das CAD-Interface einem virtuellen Benutzer zu hinterlegen:

- SAP-System

- Mandanten innerhalb eines SAP-System

- CPIC-Benutzer innerhalb eines Mandanten

- CADSYS innerhalb eines Mandanten

Es können beliebig viele Zuordnungen einem virtuellen Benutzer hinterlegt sein. Jede Zuordnung repräsentiert eine Konstellation auf die er zugreifen darf. Unter nicht eingetragenen Zuordnungen kann sich der virtuelle Benutzer auch nicht anmelden. Beim Anmeldevorgang ist also zu prüfen, ob sich die vom Anwender gewünschte Konstellation in dieser Tabelle enthalten ist. Ist dies nicht der Fall, erfolgt kein Verbindungsaufbau zum SAP. Die Loginkennung wird für den automatischen Anmeldevorgang benötigt (siehe Kapitel 5.1.2).

4.2.2.9 Tabelle SAPFKT

FKT – ID (1)	PCODE	SCODE	Order	Matchcode	Panel-Gen
I8	C5	C2	C1	C1	C1
1:8	9:13	14:15	16:16	17:17	18:18
1	MATRQ	MR	U/D	X	0/1

Definition der SAP-spezifischen Funktionen, die das CAD-Interface unterstützt[6]. Die Tabelle wird fest angelegt und ist nicht durch das Customizing änderbar. Die Tabelle besitzt einen Primärschlüssel FKT-ID und ist nach diesem aufsteigend sortiert.

Das Attribut Panel-Gen gibt an, ob für diese Funktion ein Panel beim Download zu generieren ist oder nicht. Es gibt Funktionen für die keine Panels zu erzeugen sind (zum Beispiel Ändern eines beschreibenden Textes). Die Kennung, ob die Funktion Matchcodes besitzt, wird ebenfalls für den Download benötigt.

---

[6]Für das Teilzertifikat *Materialstamm* sind nur die hierfür benötigten Funktionen einzutragen.

4.2.2.10 Tabelle SAPPAN

PAN – ID	SAP – ID (1)	MANDANT – ID (2)	CADSYS – ID (3)
I8	I8	I8	I8
1:8	9:16	17:24	25:32
1	1	1	1
2	1	1	1

FKT – ID (4)	MATCHCODE – ID (5)
I8	I8
33:40	41:48
1	0
2	13

Die über einen Download erstellten CAD-Panels erhalten alle eine eindeutige Nummer (PAN-ID). Ein Panel ist der Hierarchieebene D zuzuordnen. Deshalb ist bei der Festlegung einer Panel-ID stets anzugeben unter welchem SAP-System, Mandant und CADSYS sich das Panel befindet. Weitere Suchschlüssel sind die FKT-ID und die MATCHCODE-ID. Besitzt eine Funktion (FKT-ID) keine Matchcodes, dann ist der Wert von MATCHCODE-ID stets 0. Im anderen Fall ist es die Nummer eines möglichen Matchcodes. Primärschlüssel ist die PAN-ID.

Bemerkung 4.11: Bei Matchcodefunktionen ist die eindeutige Klassifizierung erst durch die Hinzunahme der MATCHCODE-ID möglich, da es zu einer Matchcodefunktion mehrere Matchcodes geben kann.

4.2.2.11 Tabelle SAPDEF

PAN – ID (1)	Feldname (2)	SDMD – ID	Defaulttext
I8	C10	I8	C90
1:8	9:18	19:26	27:116
1	MATERIAL	0	MAT-
1	PLANT	1	

Diese Entitätsmenge beschreibt den vergebenen Default zu einem Eingabefeld. Dies kann entweder ein normaler Textdefault oder ein Sonderdefault sein. Suchschlüssel sind zum einen der Fremdschlüssel PAN-ID und zum anderen der Feldname. Die PAN-ID impliziert die Zuordnung des Feldnamens zu dem SAP-System, dem Mandanten und des CADSYS.

Bemerkung 4.12: Die größte Länge eines Feldes ist nicht bekannt und ist auch nicht aus dem SAP-Data-Dictionary zu ermitteln. Deshalb wurde die maximale Länge eines Default-textes auf 90 Zeichen beschränkt.

4.2.2.12 Tabelle SAPTMAT

MATERIAL – NR (1)	Feldname (2)	Länge	Status	Inhalt
C18	C10	I2	I8	C500
1:18	19:28	29:30	31:38	31:530
MAT-4711	PLANT	3	0	001
MAT-4711	MATERIAL	18	0	MAT-4711
MAT-0817	MATERIAL	18	1	MAT-4711

Diese Tabelle dient zur temporären Ablage der Materialstammdaten, die beim Reserviervorgang eines Materialstammsatzes anfallen. Der Status gibt an, in welchem System sich die Materialstammdaten befinden. Folgende Statis sind möglich:

$$\text{Status} = \left\{ \begin{array}{ll} 0 & \text{Materialstammsatz nicht im SAP} \\ 1 & \text{Materialstammsatz im SAP-System} \end{array} \right.$$

4.2.3 Panel-Schicht

Aufgabe der Panel-Schicht ist es, die SAP-Regeltabellen in Form einer Panellayouttabelle zu beschreiben. Für jede Funktion des CAD-Interface ist eine Panellayouttabelle zu generieren, falls in Tabelle SAPFKT das Panel-Gen Zeichen gesetzt ist. Welche Informationen sich auf einem Panel befinden ist nur in den Regeltabellen festgelegt. Alle Tabellen innerhalb der Panel-Schicht liegen im Download-Bereich und sind demzufolge auch nur über einen Download erstellbar.

4.2.3.1 Tabelle PANEL

Die Tabelle PANEL beschreibt eine Panellayouttabelle für den Panelinterpreter. Die Panellayouttabelle kann durch den Panelinterpreter in den CAD-Systemen CATIA und CADAM angezeigt werden.

Ein Panel besteht aus verschiedenen Typen von Elementen, welche in folgenden Kapiteln beschrieben werden.

Bemerkung 4.13: Der Aufbau der verschiedenen Elementtypen ist fest durch den Panelinterpreter vorgeschrieben. Die folgenden Elementtypdefinitionen wurden aus den betriebsinternen Unterlagen der CENIT GmbH entnommen.

4.2.3.1.1 Typs 10 I/O-Feld

Typ	Bezeichnung	X-Pos	Y-Pos	Attribut	alt. Attribut	RC
I8	C8	F8.2	F8.2	I8	I8	I8
1:8	9:16	17:24	25:32	33:40	41:48	49:56
10	I/O	10.00	1.00	13	12	20

Nowshow	Format	Formattyp	Scroll
I1	C92	C3	C1
57:57	58:149	150:152	153:153
1 Protect	NNN.NN	A	J/N
2 visible	CCCCC	N	

Ein I/O-Feld ist ein durch den Anwender ausfüllbares Eingabefeld. Die eingegebenen Daten stellt der Panelinterpreter in einer temporären IO-Datei zur Verfügung (siehe auch Anhang A).

4.2.3.1.2 Typs 20 Text

Typ	Bezeichnung	X-Pos	Y-Pos	Attribut	alt. Attribut	RC
I8	C8	F8.2	F8.2	I8	I8	I8
1:8	9:16	17:24	25:32	33:40	41:48	49:56
20	Text	10.00	1.00	13	12	20

Text	Scroll
C92	C1
57:148	149:149
Der Text	J/N

Type 20 definiert einen Text, der an beliebigen Position auf dem CAD-Bildschirm angezeigt werden kann.

4.2.3.1.3 Typs 30 Linie

Typ	Bezeichnung	X-Pos(1)	Y-Pos(1)	X-Pos(2)	Y-Pos(2)	Attribut
I8	C8	F8.2	F8.2	F8.2	F8.2	I8
1:8	9:16	17:24	25:32	33:40	41:48	49:56
30	Linie	0.00	0.00	10.00	10.00	10

alt. Attribut	RC	Scroll
I8	I8	C1
57:64	65:72	73:73
10	0	J/N

Typ 30 definiert einen Linienzug (Strecke) zwischen zwei Punkten.

4.2.3.1.4 Typs 70 Button

Typ	Bezeichnung	X-Pos links unten	Y-Pos rechts oben	X-Pos rechts oben	Y-Pos rechts oben
I8	C8	F8.2	F8.2	F8.2	F8.2
1:8	9:16	17:24	25:32	33:40	41:48
70	BUTTON	1.00	1.00	3.00	2.00

Attribut I8 49:56	alt. Attribut I8 57:64	Text C90 65:154	Attr. Text I8 155:162	Attr. Schatten I8 163:170
12	102	Knopf	12	10

RC I8 171:178	Scroll C1 179:179
99	J/N

Ein Button (Knopf) ist ein mit einer Box umrahmter Text, der zum Beispiel durch die Maus selektiert werden kann.

4.2.3.2 Tabelle PANIOIN

Default/Inhalt C90 1:90	SDMD-ID I8 91:98	Feldname C10 99:108	ANZ-FZ I8 109:116	RC-Hilfe I8 117:124	RC-Reqpv I8 125:132
0001	0	PLANT	1	121	0

Tabelle PANIOIN beinhaltet Zusatzinformationen, welche in Tabelle PANEL nicht unterzubringen sind[7]. Benötigte Zusatzinformationen sind deshalb in einer separaten Tabelle abzulegen. Solche Zusatzinformationen benötigt nur der Elementtyp IO-Feld aus der Panellayouttabelle.

Für die SAP-Schnittstelle muß die Entitätsmenge PANIOIN folgende Zusatzinformationen enthalten:

Default   Der im Customizing definierte Defaultwert zu einem Eingabefeld ist in diesem Attribut eingetragen.

SDMD-ID   Nummer des Sonderdefaults. Ist diese Nummer $\neq 0$, ist das Feld Default / Inhalt zur Laufzeit durch das Merkmal des Sonderdefaults zu füllen.

Feldname   Der Feldname aus den Regeltabellen TCIU und TCID.

RC-Hilfe   Der Panelinterpreter liefert bei der Selektion eines selektierbaren Elements einen *Returncode* zurück. RC-Hilfe ist ein *Returncode*, der dem Namen eines Eingabefeldes hinterlegt ist. Über den *Returncode* und Feldnamen kann die SAP-Hilfe zu einem Eingabefeld angefordert werden. Die Domäne von RC-Hilfe liegt in einem abgeschlossenem Intervall natürlicher Zahlen: RC-Hilfe $\in [1000, 2000]$, das heißt es können maximal 1000^8 Eingabefelder auf einem Panel mit einem Hilfe-Returncode hinterlegt sein.

RC-Reqpv   Wie bei RC-Hilfe jedoch nur für die Anforderung von Eingabemöglichkeiten. Domäne: RC-Reqpv $\in [2001, 3001]$.

---

[7]Eine Erweiterung der Tabelle PANEL ist nicht möglich, da diese durch den Panelinterpreter vorgegeben ist.

[8]Dieser Wert wurde a priori festgelegt.

ANZ-FZ Beschreibt die Anzahl der Folgezeilen, die zu einem Ein- oder Ausgabefeld gehören.

4.2.3.2.1 Beziehungen

Zwischen Tabelle PANIOIN und einer temporären IO-Datei des Panelinterpreter besteht eine *1:1* Beziehung. Ein Datensatz der Tabelle PANIOIN entspricht einem korrespondierenden Datensatz in der IO-Datei. Die Benutzereingaben werden von dem Panelinterpreter in die IO-Datei geschrieben. Mit Hilfe der Zusatzinformationen aus PANIOIN läßt sich ein Bezug herstellen zwischen den Eingaben des Benutzers und deren Bedeutung.

4.2.3.3 Tabelle PANNAM

PAN – ID (1)	Panelname	Update
I8	C8	C1
1:8	9:16	17:17
1	SAP00001	0/1

Jedes generierte Panel erhält eine PAN-ID. Aufgabe der Entitätsmenge PANNAM ist es dieser ID den physikalischen Dateinamen der zugehörigen Panellayouttabelle zuzuordnen. Das Attribut Update kennzeichnet ob ein Panel neu zu generieren ist. Dies ist notwendig, wenn sich im SAP eine der Regeltabellen geändert hat. Die Entitätsmenge ist nach dem Suchschlüssel PAN-ID sortiert.

4.2.4 ZVS-SAP-Schicht

Die ZVS-SAP-Schicht dient zur Beschreibung der Entitätsmengen, welche zur Kopplung eines SAP-Systems mit der Zeichnungsverwaltung CAD-ZV von der CENIT GmbH benötigt werden. Für die Sachmerkmal-Datenübernahme (siehe Kapitel 3.1.5) ist eine Entitätsmenge zu beschreiben.

4.2.4.1   Tabelle ZVSSAPR

FBS1ID (1)	SAP – ID	MANDANT – ID	CADSYS – ID	Material-Nr
I8	I8	I8	I8	C18
1:8	9:16	17:24	25:32	33:50
7652	1	1	1	MAT-0815

Mat.-Feldname	Werk	Werk-Feldname	Lager	Lager-Feldname	Feldname[a]
C10	C3	C10	C4	C10	C10
51:60	61:63	64:73	74:77	78:87	88:97
MATERIAL	001	PLANT	0001	STORAGE	DESCRIPT

[a]Feldname des zu übernehmenden Sachmerkmals

Diese Entitätsmenge beschreibt die Zuordungen zwischen Schriftfeldern eines Zeichnungskopfes und den Sachmerkmalen eines Produktionsplanungssytems (hier speziell Sachmerkmale aus SAP-Materialstammsätzen). Das Attribut FBS1-ID repräsentiert ein Schriftfeld eines
Zeichnungskopfes. Dem Schriftfeld müssen alle Angaben zur eindeutigen Klassifzierung eines
SAP-Sachmerkmals vorliegen. Ein Sachmerkmal ist stets Teil eines Materialstammsatzes, der
über folgende Merkmale zu klassifizieren ist:

- Materialnummer

- Werk, in dem sich das Material befindet

- Lagerort

Sachmerkmale lassen sich nur über die Feldnamen aus den SAP-Regeltabellen TCIU und
TCID klassifizieren. Die klassifizierenden Merkmale (Materialnummer Werk und Lagerort)
eines Materialstammsatzes sind ebenfalls in den SAP-Regeltabellen aufgelistet. Aus diesem
Grund sind sowohl die Feldnamen wie auch die Sachmerkmale aller klassifizierender Daten
in obige Tabelle aufzunehmen.

Bemerkung 4.14: Zur Festlegung, welches Sachmekmal in ein CAD-ZV-Schriftfeld zu übernehmen ist, müssen die Attribute Material-Nr, Werk und Lager nicht vorhanden sein. Diese
werden nur für die in Kapitel 6.5.2 beschriebene SAP-Datenanzeige benötigt.

4.3   ER-Modell der SAP-Schnittstelle

Das in diesem Kapitel vorgestellte ER-Modell (entity-relationship model) ist das Ergebnis
der Datenmodellierung [17]. Es stellt die Zusammenhänge und Beziehungen zwischen den
einzelnen Entitätsmengen des gesamten Datenmodells dar.

Angaben darüber, mit wievielen Domänwerten ein konkreter Attributwert einer Entität in Beziehung stehen kann, werden durch die Zuordnungskomplexität gemacht. Folgende allgemeine Fälle können unterschieden werden, wobei unter der Komplexität K(A,B) der Zuordnung (A,B) die Anzahl der Elemente aus der Menge B, die einem Element aus der Menge A zugeordnet sind verstanden wird. Die folgende Tabelle zeigt die möglichen Komplexitätsangaben [17]:

K	Komplexität K(A,B)	Anz. Elemente aus B, die jedem Element aus A zugeordnet sind
1	einfach	genau ein
c	konditional	höchstens ein
m	mehrwertig	mindestens ein
mc	mehrwertig, konditional	kein, ein oder mehrere

Tabelle 4.4: Komplexitäten

Das folgende ER-Modell wird in einer abgewandelten Chen-Diagrammform dargestellt[9].

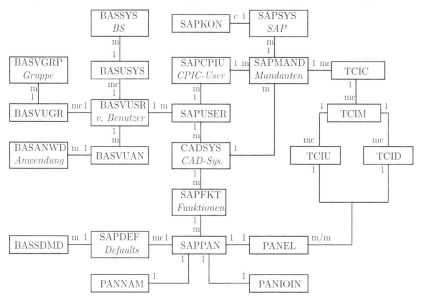

Abbildung 4.3: ER-Modell für die SAP-Schnittstelle

---

[9]In der orginal Chen-Diagrammform wird für die Darstellung einer Beziehungsmenge die Raute benutzt.

Bemerkung 4.15: In das ER-Modell wurden die SAP-Regeltabellen TCIC, TCIM, TCID und TCIU mit einbezogen. Durch deren Inhalte werden die Domänwerte der Entitätsmenge PANEL bestimmt. Die Entitätsmenge PANEL beschreibt eine Panellayoutdatei einer Funktion. Jeder Funktion ist eine eindeutige Übertragungsrichtung (Order) zugeordnet (siehe Tabelle SAPFKT 4.2.2.9). Anhand dieser ist zu entscheiden, ob beim Generieren eines Panels die Regeltabelle TCIU (für Order="U") oder TCID (für Order="D") zu verwenden ist. Die Entscheidung wird im obigen ER-Modell nicht dargestellt. Beide, von den SAP-Regeltabellen TCIU und TCID abgehenden Beziehungslinien werden gleich behandelt.

Kapitel 5

Ablaufmodelle für die PPS-Schnittstelle

In dieser Phase der *Konzeption* und *Realisierung* der Schnittstelle zu Produktionsplanungssystemen stand die Entwicklung funktionsorientierter *Ablaufmodelle*. Diese beschreiben die in Kapitel 3 definierten Funktionen auf Basis des in Kapitel 4 festgelegten Datenmodells. Ziel und Zweck dieser *Ablaufmodelle* ist es, festzustellen in wie weit das vorerst festgelegte Datenmodell die geforderte Funktionalität der Module erfüllt. Fehlende oder überflüssige Entitätsmengen bzw. Attribute des Datenmodells lassen sich dabei schnell erkennen. Der *Simulationsprozeß* der *Ablaufmodelle* wurde mit folgender Vorgehensweise durchgeführt:

1. Textliche oder bildliche Beschreibung der zu realisierenden Funktion in Form eines Modells.

2. Simulation des erstellten Modells unter Berücksichtigung des zugrundeliegenden Datenmodells.

3. Die Simulationsergebnisse sind auszuwerten und eventuell vorzunehmende Änderungen im Datenmodell durchzuführen.

5.1 Modelle für die CAD-Module

Die folgenden *Ablaufmodelle* beziehen sich auf die Funktionen des Moduls *CAD-PPS*. In einem separaten Kapitel 5.1.8 wird auf die speziellen *Ablaufmodelle* für das Kopplungsmodul *ZVS-PPS-Modul* eingegangen.

5.1.1 Panellayouttabellen im CAD-Modul generieren

Während des Betriebs der *CAD-Module* müssen die über den Download generierten Panellayouttabellen vorhanden sein. Ist dies nicht der Fall, sind diese durch einen Administrator im Customizing neu zu erstellen. Für den Anwender bedeutet dies, daß er solange warten muß bis die benötigten CAD-Panels vorhanden sind. Um diese Wartezeiten zu vermeiden, ist folgende Vorgehensweise sinnvoll:

Existiert ein vom Anwender benötigtes CAD-Panel nicht, erfolgt die Generierung im Onlinebetrieb.

Das für diese Vorgehensweise benötigte *Ablaufmodell* sieht folgendermaßen aus:

1. Über die Suchschlüssel SAP-ID, MANDANT-ID, CADSYS-ID, FKT-ID und eventuell der MATCHCODE-ID wird aus Tabelle SAPPAN die zum Öffnen eines Panels benötigte PAN-ID ermittelt.

2. Ist der Suchschlüssel nicht enthalten, existiert noch kein Panel.

3. Anhand der SAP-Regeltabellen wird die benötigte Tabelle PANEL erzeugt.

4. Nach erfolgter Generierung, ist dem neuen Panel eine PAN-ID und ein eindeutiger Panelnamen zu vergeben.

5. In Tabelle SAPPAN ist der Suchschlüssel aus 1. mit der neuen PAN-ID einzutragen. Den Namen des Panels ist in Tabelle PANNAM mit der zugehörigen PAN-ID abzulegen.

Die generierten CAD-Panels basieren auf den SAP-Regeltabellen. Änderungen der Regeltabellen haben zur Folge, daß die alten CAD-Panels nicht mehr konform zu den aktuellen Regeltabellen sind. Um diese *Panelinkonsistenz* zu beheben, sind erneut alle Panels zu erstellen. Hierbei können lange Wartezeiten für den CAD-Anwender entstehen, wie in einer Zeitabschätzung in Kapitel 5.2.1.1 dargestellt wird.

Das folgende *Ablaufmodell* zeigt die Vorgehensweise auf, wie solche *Panelinkonsistenzen* durch die Änderung der Regeltabellen hervorgerufen, ohne große Wartezeiten im Onlinebetrieb zu vermeiden sind:

1. Ein Administrator setzt nach einer Änderung der SAP-Regeltabellen das Update-Flag in Tabelle PANNAM (Update=1). Damit signalisiert er, daß die Panels Inkonsistenzen besitzen können.

2. Im laufenden CAD-Betrieb wird vor dem Öffnen eines Panels der Status überprüft. Dazu ist bei Ermittlung des Panelnamen aus Tabelle PANNAM das Update-Flag zu lesen. Besitzt es den Wert 1, ist das Panel neu zu generieren und anschließend das Update-Flag auf 0 zu setzen.

5.1.2 Anmeldevorgang

Um mit dem SAP-System arbeiten zu können, ist ein Verbindungsaufbau zum SAP durchzuführen. Dieser *Anmeldevorgang* wird durch die CAD-Interface-Funktion *SapConnc* realisiert. Ziel des *Anmeldevorgangs* innerhalb der CAD-Module ist es, diesen so ähnlich wie möglich dem im SAP aufzubauen. Das heißt der Anwender der SAP-Schnittstelle muß die Anmeldeparameter: Mandant, Benutzername, Benutzerkennwort und die verwendete Sprache eingeben. Der wesentliche Unterschied beim Anmelden über die SAP-Schnittstelle ist, daß der Benutzer kein eigentlicher SAP-Benutzer sondern ein *virtueller Benutzer* ist. Erst über die in Tabelle SAPUSER getroffenen Zuordnungen wird dem *virtuellen Benutzer* ein entsprechender *CPIC-Benutzer* zugewiesen.

Es werden zwei verschiedene Arten von *Anmeldevorgängen* definiert. Zum ersten der *manuelle Anmeldevorgang* und zum zweiten der *automatische Anmeldevorgang*.

5.1.2.1   Manueller und automatischer Anmeldevorgang

Ziel des *automatischen Anmeldevorgangs* ist es, anhand eines *Betriebssystembenutzernamens* auf einen *CPIC-Benutzer* zu schließen, ohne daß hierzu Eingaben seitens des Benutzers durchzuführen sind. Dieser spezielle Anmeldevorgang umgeht damit die explizite Eingabe der Anmeldeparameter. Um den *automatischen Anmeldevorgang* einzurichten müssen im Customizing die dafür benötigten Zuordnungen in den Tabellen BASUSYS 4.2.1.6 und SAPUSER 4.2.2.8 getroffen worden sein. Sind diese Zuordnungen nicht vorhanden erfolgt der *manuelle Anmeldevorgang*.

Das *Ablaufmodell* für den *automatischen* bzw. *manuellen Anmeldevorgang* sieht in Form eines Flußdiagramms folgendermaßen aus:

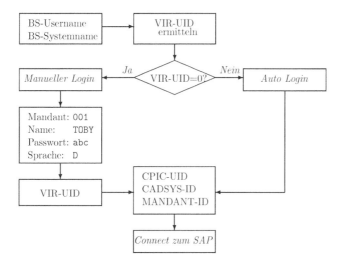

Abbildung 5.1: Automatischer und manueller Anmeldevorgang

Die einzelnen Schritte zum Ablaufmodell lauten:

1. Die System-ID muß innerhalb des Programms richtig definiert sein. Läuft das Programm auf einem Unix-System ist diese auf den Wert System-ID= 1 zu setzen[1].

---

[1]In der Programmiersprache C kann dies durch eine `#define SYSTEM_ID 1` Anweisung geschehen.

2. Über eine C-Funktion[2] wird der aktuelle Namen des Betriebsystembenutzers ermittelt.

3. Mit den oben gewonnenen Werten (System-ID und BS-Benutzername) wird versucht, aus Tabelle BASUSYS 4.2.1.6 den virtuellen Benutzer VIR-UID zu ermitteln. Falls keine Zuordnung enthalten ist muß der Anwender die Anmeldeparameter in einem Loginpanel eingeben *(manueller Anmeldevorgang)*.

4. Welcher CPIC-Benutzer und Mandant dem virtuellen Benutzer zugeordnet ist wird durch einen binären Suchvorgang mit dem Suchschlüssel VIR-UID in Tabelle SAPUSER bestimmt. Ist nur eine Zuordnung zwischen VIR-UID und den Anmeldeparametern gefunden worden sind alle Informationen für den Verbindungsaufbau eindeutig vorhanden. Existieren mehere Zuordnungen muß anhand der Loginkennung[3] entschieden werden, welche Parameter für den *automatischen Login* zu benutzen sind.

5.1.3 Materialstammsätze über Matchcodes suchen

Vor der Bearbeitung eines SAP-Materialstammsatzes ist dieser eindeutig zu identifizieren. Die Identifizierung eines Materialstammsatzes erfolgt im SAP-System durch die Angabe der 18-stelligen Materialnummer. In der Regel weiß der Anwender diese Nummer nicht auswendig. Er kennt jedoch gewisse klassifizierende Merkmale des Materialstammsatzes. Ziel des Suchvorgangs ist es anhand dieser bekannten Merkmale alle Materialstammsätze anzuzeigen, die diesen entsprechen.

Zu einem Materialstammsatz existieren eine Vielzahl von Merkmalen (zum Beispiel Materialnummer, Werkstoff, etc.). Die wichtigsten dieser Merkmale sind in der internen SAP-Datenbank mit einem Index versehen. Dadurch lassen sich wesentliche Verkürzungen der Zugriffszeiten beim *Suchen über Merkmale* erreichen. Bestimmte Gruppen dieser Merkmale sind zu sogenannten *Matchcodes* zusammengefaßt. Jeder dieser Gruppen erhält eine eindeutige Nummer, die *Matchcode-ID*.

Das Suchen mit Hilfe der *Matchcodes* wird nur von bestimmten Funktionen des CAD-Interface unterstützt. Ob eine Funktion die Möglichkeit besitzt, über Matchcodes zu suchen, ist in der Tabelle SAPFKT hinterlegt.

---

[2]C-Funktion: `getlogin()`
[3]Ein Eintrag in der Loginspalte 'X' kennzeichnet den zu verwendenden Eintrag.

Der Suchvorgang mit den *SAP-Matchcodes* läuft innnerhalb der CAD-Module (CAD-PPS und ZVS-PPS) folgendermaßen ab:

1. Der Aufruf einer Interface-Funktion, welche die *Matchcodesuche* unterstützt, erfolgte. Diese liefert eine Liste der zur Verfügung stehenden *Matchcodes* mit deren *Matchcode-IDs* zurück.

2. Diese Liste ist dem Anwender in einer Tabelle auf dem CAD-Schirm anzuzeigen.

3. Der Anwender wählt einen *Matchcode* aus. Anhand der Auswahl erhält man die zugehörige MATCHCODE-ID.

4. Mit den Suchschlüsseln SAP-ID, MANDANT-ID, CADSYS-ID, FKT-ID und der MATCHCODE-ID wird in Tabelle SAPPAN die PAN-ID des zu öffnenden Panels ermittelt. Dieses Panel enthält die entsprechenden Felder zur Eingabe der Suchmerkmale.

5. Der Benutzer füllt dieses Panel aus und startet, durch die Datenfreigabe, den eigentlichen Suchvorgang. Alle Suchmerkmale sind aus dem Panel zu lesen und der Interface-Funktion zu übergeben. Diese sendet eine Suchanforderung an das SAP.

6. Das SAP-System sendet die gefundenen Materialstammsätze an das CAD-Interface zurück. Die Trefferliste ist in einer Tabelle auf dem CAD-Bildschirm anzuzeigen.

Bemerkung 5.1: Das Suchen mit Matchcodes ist ein eigenständiges Modul des CAD-Interface, welches wie das Materialstammsatzmodul durch die SAP AG zertifiziert werden kann. Für die Teilzertifizierung *Materialstamm* ist die *Matchcodesuche für Materialstammsätze* nicht notwendig. Es erschien jedoch wichtig im Rahmen der Teilzertifizierung *Materialstamm* das *Suchen mit Matchcodes* für Materialstämme einzubinden.

5.1.4 Materialstammsatz aus dem SAP im CAD-System anzeigen

Das Anzeigen von SAP-Materialstammsätzen innerhalb der CAD-Oberfläche ist eine wichtige Funktion, um an Informationen des Produktionsplanungssystemes zu gelangen. Alle Informationen eines Materialstammsatzes, die ein Konstrukteur sehen kann, werden in den SAP-Regeltabellen definiert. Aufgabe der Anzeigefunktion ist es, genau diese Informationen auf dem CAD-Bildschirm darzustellen.

Vorausgehend muß der Anwender den anzuzeigenden Materialstammsatz entweder mit Hilfe der Suchfunktion oder durch direkte Eingabe der Materialnummer identifizieren. Die Materialnummer wird dann der CAD-Interface-Funktion *SapMatrq* übergeben. Die zugehörigen Merkmale des Materialstammsatzes liefert die Funktion zurück. Das über den Download erstellte Panel zur Anzeige eines Materialstammsatzes kann nun geöffnet und mit den gefundenen Werten gefüllt werden.

Zusammengefaßt lautet demnach das *Ablaufmodell* zur Anzeige eines Materialstammsatzes folgendermaßen:

1. Identifizierung des anzuzeigenden Materialstammsatzes.

2. Anforderung an das SAP-System stellen durch die Interface-Funktion *SapMatrq*.

3. Bei erfolgreicher Anforderung ist anhand der Suchschlüssel SAP-ID, MANDANT-ID, CADSYS-ID und der FKT-ID das zu öffnende Panel aus Tabelle SAPPAN zu ermitteln.

4. Die zum Panel gehörende IO-Datei wird mit den Zusatzinformationen aus Tabelle PANIOIN und den Sachmerkmalen des Materialstammsatzes gefüllt.

5. Dem Anwender wird das Panel auf dem CAD-Bildschirm dargestellt.

5.1.5   Materialstammsatz im SAP reservieren

Bei der *Reservierung* von Materialstammsätzen wird ein Materialstamm nicht sofort, sondern zu einem späteren Zeitpunkt im SAP angelegt. Die beim Reservierungsvorgang vom SAP vergebene Materialnummer wird ebenfalls nur vergeben und nicht angelegt. Das *Ablaufmodell* zur Einbindung des Materialstammsatzreservierungsvorgangs in den Konstruktionsprozeß sieht folgendermaßen aus:

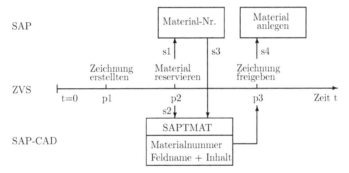

Abbildung 5.2: Materialstammsatz reservieren

Die Abläufe, aus der Sicht des Konstrukteurs innerhalb der Zeichnungsverwaltung (ZVS), sind aufgeteilt in die drei Phasen p1, p2 und p3:

Phase 1: Der Konstruktionsprozeß eines Bauteils beginnt mit der Erstellung einer CAD-Zeichnung.

Phase 2: Der Konstrukteur benötigt für das Bauteil Materialstammsätze, die er noch vor der Zeichnungsfreigabe anlegen will. Er reserviert sich die benötigten Material-nummern im SAP-System.

Phase 3: Die Zeichnung wird freigegeben und das Material im SAP angelegt.

Die vier einzelnen Arbeitsschritte, welche entweder durch das SAP-System oder die SAP-Schnittstelle durchzuführen sind, lauten:

Schritt 1: Anforderung an das SAP-System eine Materialnummer zu reservieren.

Schritt 2: Die durch den Konstrukteur eingegebenen Sachmerkmale werden mit der SAP-Schnittstelle in der Tabelle SAPTMAT abgelegt.

Schritt 3: Das SAP-System liefert eine intern vergebene Materialnummer zurück, welche in Tabelle SAPTMAT einzutragen ist.

Schritt 4: Bei der Zeichnungsfreigabe sind die reservierten Materialstammdaten aus Tabelle SAPTMAT zu lesen und an das SAP-System zu übergeben. Erst an dieser Stelle erfolgt die eigentliche Anlage des Materialstammsatzes.

5.1.6 Materialstammsatz anlegen

Das direkte Anlegen eines Materialstammsatzes im SAP aus der CAD-Oberfläche wird in folgenden Arbeitsschritten durchgeführt:

1. Anzeigen des Eingabepanels zur Erfassung der Materialstammdaten. Hierzu ist das anzuzeigende Panel über die Tabelle SAPPAN zu ermitteln. Als Suchschlüssel dienen zum einen die Schlüssel SAP-ID, MANDANT-ID, CADSYS-ID und die bekannte FKT-ID. Nachdem die eindeutige Nummer des Panels PAN-ID ermittelt wurde, ist der zugehörige Panelnamen aus Tabelle PANNAM durch einen binären Suchvorgang mit dem Suchschlüssel PAN-ID zu ermitteln. Anhand des Panelnamen kann das Panel mit der Funktion *wopna*[4] angezeigt werden.

2. Der Anwender füllt das Eingabepanel mit den gewünschten Werten aus. Dieser Vorgang wird durch Hilfsfunktionen unterstützt. In Kapitel 6.4.3 wird erläutert, welche Hilfsfunktionen beim Ausfüllen eines Eingabefeldes zur Verfügung stehen.

3. Die Eingaben sind nun so aufzubereiten, daß sie an das SAP-System gesendet werden können. Jeder Eintrag des Anwenders steht in einer temporären IO-Schnittstellendatei des Panelinterpreters (siehe Anhang A.3.2). Über die *1:1 Beziehung* zwischen der IO-Datei und der Tabelle PANIOIN lassen sich die Daten entsprechend aufbereiten. Eine genauere Beschreibung wie die Aufbereitung durzuführen ist, erfolgt in Kapitel 6.4.1.

---

[4]Mit der Funktion *wopna* wird ein Panel durch den Panelinterpreter geöffnet (siehe hierzu Anhang A).

4. Das Material wird im SAP über das CAD-Interface angelegt. Die beim Anlegen erhaltene Meldung aus dem SAP-System wird dem Benutzer angezeigt. Sind Eingaben falsch oder unvollständig meldet dies SAP. Der Benutzer muß die falschen Eingaben korrigieren und den Anlegevorgang wiederholen. Günstiger ist es, eine Plausibilitätsprüfung der Eingaben vor dem eigentlichen Anlegen des Materials durchzuführen[5]. Das CAD-Interface bietet eine solche Möglichkeit jedoch nicht an.

5.1.7 Materialstammsatz ändern

Nachdem ein Materialstammsatz im SAP einmal angelegt worden ist, besteht keine Möglichkeit mehr diesen über das CAD-Interface zu löschen. Nur noch Änderungen oder Erweiterungen des Stammsatzes können durchgeführt werden. Der Änderungsvorgang wird durch folgendes *Ablaufmodell* beschrieben:

1. Identifizierung des zu ändernden Materialstammsatzes entweder über Matchcodesuche oder durch direkte Eingabe der Materialnummer. Zusätzlich ist das Werk und der Lagerort, in dem sich das Material befindet, in einem CAD-Eingabepanel einzugeben.

2. Der Anwender muß sich nun entscheiden, welche Art der Änderung er durchführen will. Zur Auswahl stehen:

   • Normales Ändern der Materialstammdaten
   • Ändern des beschreibenden Kurztextes
   • Ändern des Prüftexts
   • Ändern eines interner Vermerks

   Der Anwender selektiert die gewünschte Art in einer Auswahlliste. Diese Eingabe legt den Subprozeßcode für die Funktion *SapMatch* fest (siehe Kapitel 2.4.4.3.2).

3. Über die Suchschlüssel PCODE und SCODE ist die zugehörige FKT-ID aus Tabelle SAPFKT zu ermitteln. Alle Suchschlüssel zur Bestimmung der PAN-ID sind nun bekannt. Damit läßt sich das benötigte Panel öffnen.

4. Alle vorhandenen Merkmale des Materialstammes sind in das Eingabepanel zu übertragen. Dazu sind die empfangenen Daten, welche die SAP-Interface-Funktion *SapMatch* liefert, in die IO-Datei des Eingabepanels zu übertragen. Dieser Vorgang wird in Kapitel 6.4.1.2 erläutert.

5. Der Anwender kann nun die Änderung im CAD-Eingabepanel vornehmen.

5.1.8 Modelle für die Kopplung mit der Zeichnungsverwaltung

Die folgenden *Ablaufmodelle* beziehen sich nur auf das ZVS-PPS-Modul, welches die Kopplung zwischen der Zeichnungsverwaltung CAD-ZV der CENIT GmbH und dem SAP-System darstellt.

---

[5]Dadurch sind unnötige Datenübertragungen innerhalb des Netzwerks zu vermeiden.

5.1.8.1 Sachmerkmal-Datenübernahme

Die Übernahme von Sachmerkmalen eines Materialstammsatzes aus dem SAP-System in einen Zeichnungskopf einer CAD-ZV-Zeichnung erfolgt in folgenden Arbeitsschritten:

1. Das Zeichnungskopfmakro CAD-ZV-Form ist zu starten. Innerhalb dieser CAD-ZV-Funktion ist die *Sachmerkmal-Datenübernahme* integriert.

2. Der Anwender kann sich über eine Suchfunktion alle verfügbaren Materialstammsätze anzeigen lassen. Aus der erhaltenen Trefferliste ist der in die Zeichnung zu übernehmende Stammsatz auszuwählen.

3. Die in Tabelle ZVSSAPR definierten Sachmerkmale des Stammsatzes sind per Knopfdruck in den Zeichnungskopf zu übernehmen.

Bemerkung 5.2: Wie die Übernahme der Daten eines Materialstammsatzes in einen Zeichnungskopf durchzuführen ist, wird in Kapitel 6.5.1 gezeigt.

5.1.8.2 SAP-Datenanzeige

Die Zeichnungsverwaltung CAD-ZV stellt die Funktion *Werte anzeigen* zur Verfügung. Diese zeigt alle zur Zeichnung gehörenden Daten einer CAD-ZV-Zeichnung auf dem CAD-Bildschirm an. Sind in einer Zeichnung Merkmale eines SAP-Materialstammsatzes (wie in Kapitel 5.1.8.1 beschrieben) übernommen worden, erscheinen diese genauso wie die übliche CAD-ZV-Felder auf dem Bildschirm. Der Anwender kann dabei nicht ohne weiters unterscheiden welche Felder aus dem SAP-System stammen und welche nicht.

Beispiel 5.1: Zwei Felder eines Zeichnungskopfes haben die Namen *Feld1* und *Feld2*. *Feld1* wurde so definiert, daß bei einer *Sachmerkmal-Datenübernahme* die Materialnummer eines Stammsatzes zu übernehmen ist. *Feld2* ist ein reines Eingabefeld. Der Anwender übernimmt in *Feld1* die Materialnummer `MAT-4711` und füllt *Feld2* ebenfalls mit dem Inhalt `MAT-4711` aus. Für den Anwender besteht beim *Werte anzeigen* rein optisch keinerlei Unterschied zwischen beiden Feldern.

Die SAP-Felder lassen sich über die *Anzeigefunktion* darstellen. Dazu ist folgendes *Ablaufmodell* definiert:

1. Innerhalb der Zeichnungsverwaltung werden die Werte einer CAD-ZV-Zeichnung angezeigt.

2. Der Anwender will die eventuell in der Zeichnung befindlichen Materialstammsatzdaten sich anzeigen lassen. Dazu startet er die *Anzeigefunktion*.

3. Die *Anzeigefunktion* prüft für jedes CAD-ZV-Schriftfeld, welches durch die FBS1ID repräsentiert wird, nach, ob sich dieses in Tabelle ZVSSAPR befindet. Ist dies der Fall kann der komplette Materialstammsatz zu den übernommenen Sachmerkmale angezeigt werden.

5.1.8.3 Automatische Dokumentgenerierung

Die automatische Erzeugung von Dokumenten im SAP läuft innerhalb des Freigabeprozesses der Zeichnungsverwaltung mit Hilfe der *User-Exits* ab. Die Konfiguration des hierfür benötigten *User-Exits* erfolgt innerhalb von CAD-ZV. Diesem *User-Exit* werden beim Aufruf durch CAD-ZV Daten aus der Zeichnungsverwaltung in einer temporären Datei USRTMP übergeben. Alle in dieser Datei vorhandenen Informationen dienen zur Beschreibung des anzulegenden Dokuments. Folgende Daten müssen in der temporären Datei enthalten sein:

Inhalte der temporäre Datei USRTMP			
Sartz Nr.	Inhalt	Bedeutung	Format
1	ARCNR	Eindeutige Nummer der CAD-ZV-Zeichnung	I8
2	CADZV-ID	CAD-ZV Benutzernamen	C8
3	STUFE	Freigabestufe der Zeichnung	I8

Tabelle 5.1: Temporäre User-Exit Schnittstellendatei

Das *Ablaufmodell* beim automatischen Erzeugen eines Dokuments innerhalb des CAD-ZV-Freigabeprozesses lautet:

1. Eine Zeichnung befindet sich innerhalb des Freigabeprozesses auf der Stufennummer i. Diese Zeichnung soll auf die nächste Stufe mit der Nummer $i + 1$ gelangen. Der für diesen Arbeitsgang zuständige Sachbearbeiter startet den Freigabeprozeß. Die Zeichnungsverwaltung stellt die Zeichnung auf die nächst höhere Stufe $i + 1$.

2. An dieser Stelle wird ein *User-Exit* zur Erzeugung eines SAP-Dokuments aufgerufen.

3. Die in der *temporären User-Exit-Datei* enthaltenen Informationen stehen dem *Exit-Programm*[6] zur Verfügung. Diese Daten sind in einen Sendestring zu schreiben und dem CAD-Interface-Programm *SapDoccr* zu übergeben.

---

[6]Programm das innerhalb des *User-Exit* aufgerufen wird

Das Zusammenspiel der *User-Exits* mit dem CAD-ZV-Freigabeprozeß ist in folgender Abbildung grafisch dargestellt:

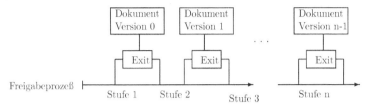

Abbildung 5.3: Automatisches Anlegen von Dokumenten

Bemerkung 5.3: Beim Anlegen eines SAP-Dokuments besteht die Möglichkeit, dem Dokument eine *Dokumentenversion* zu vergeben. Im vorliegenden Anwendungsfall bekommt jedes Dokument die *Versionsnummer*:

$$Versionsnummer = Freigabestufe - 1 \qquad (5.1)$$

Dadurch lassen sich im Dokumentenverwaltungssytem von SAP Freigabestufen einer CAD-ZV-Zeichnung ermitteln.

5.2 Modelle für das Customizing-Modul

Das Customizing erstellt und verwaltet sämtliche Konfigurationstabellen für die SAP-Schnittstelle. Dazu gehören Aufgaben wie das Anlegen und Verwalten von Benutzer definieren der Kommunikationsparameter, das Generieren der CAD-Panels für den Panelinterpreter über einen Download und die Skalierung.

5.2.1 Download-Funktion

Die *Download-Funktion* muß alle Tabellen, die sich innerhalb des *Download-Bereiches* (siehe Kapitel 4.2.2.1) befinden, anhand der SAP-Regeltabellen generieren. Dazu gehören die Tabellen der Panel-Schicht PANEL, PANNAM und PANIOIN. Zusätzlich ist die Panelklassifizierungstabelle SAPPAN der SAP-Schicht zu erzeugen.

Der *Download* kann auf verschiedenen Hierarchiestufen ablaufen. Damit besteht die Möglichkeit alle oder nur spezielle Teile der Downloadtabellen zu erstellen. Diese Auswahlmethode besitzt den Vorteil, daß eine dedizierte Auswahl der zu generierenden Panels stattfinden kann. Könnte keine Einschränkung erfolgen, wären bei jeder Änderung einer Regeltabelle alle *Download-Tabellen* neu zu erstellen. Die Möglichkeit, Panels selektiv erzeugen zu können, wurde aufgrund folgender Zeitabschätzung eingeführt.

5.2.1.1 Zeitabschätzung

In einem Beispielunternehmen existieren ein Test- und ein Produktionssystem von SAP. Mit beiden soll die SAP-Schnittstelle arbeiten können. Unter jedem dieser beiden Systeme existieren vier Mandanten. In den Regeltabellen sind für alle Mandaten zwei CAD-Systeme eingerichtet (CADSYS). Die Anzahl der durch die SAP-Schnittstelle unterstützten Funktionen beträgt 20.

Für die Zeitabschätzung werden folgende Variablen eingeführt: $a = \sum SAP - Systeme = 2$, $b = \sum Mandanten = 4$, $c = \sum CADSYS = 2$ und $f = \sum Funktionen = 20$. Die Anzahl der zu erstellenden Panels n errechnet sich über:

$$n = a \cdot b \cdot c \cdot f = 2 \cdot 4 \cdot 2 \cdot 20 = 320 \text{ Panels}$$

Mulipliziert man die Anzahl der Panels n mit einem geschätzen Zeitfaktor $\mu = 2$ (sec.) der zum Generieren eines Panels benötigt wird, ergibt sich die Gesamtzeit eines Downloads.

$$Zeitdauer = \mu \cdot n = 2 \text{ sec.} \cdot 320 = 640 \text{ sec.}$$

Das ergibt also eine Zeit von ungefähr 10 min., bei angenommener Normalbelastung des Rechners.

5.2.1.2 Ablaufmodell für den Download

Alle benötigten Informationen sind in den SAP-Regeltabellen TCIM, TCIU und TCID enthalten. Diese sind durch die Interface-Funktion *SapSysrq* in *lokale Dateien* zu kopieren. Mit den darin enthaltenen Informationen lassen sich die *Download-Tabellen* erstellen.

Folgende Abbildung zeigt den schematischer Ablauf eines *Downloads* zur Erzeugung der *Download-Tabellen*:

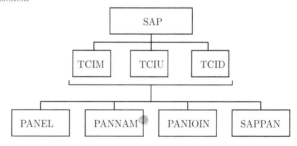

Abbildung 5.4: Ablauf eines Downloads

Bemerkung 5.4: Für den Download muß eine Verbindung zwischen dem Customizing und dem SAP-System mittels dem CAD-Interface durchgeführt werden. Der hierfür benötigte CPIC-Benutzer wird fest vorgegeben[7] und ist demnach vorab im SAP anzulegen. Er ist unbedingt mit der CPIC-Kennung zu versehen.

---

[7]Benutzername CADSAP mit Kennwort CENIT

Kapitel 6

Realisierung der PPS-Schnittstelle

Auf Basis der in vorigen Kapiteln 3, 4 und 5 erarbeiteten Grundlagen fand die *Realisierung* der PPS-Schnittstelle statt. Ziel der ersten *Realisierungsphase* war es, die PPS-Schnittstelle für das Produktionplanungssystems SAP R/2 und R/3 im Bereich Materialstamm zu realisieren und durch die SAP AG zertifizieren zu lassen (Teilzertifikat Materialstamm).

6.1 Entwicklungsumgebung

Zur Entwicklung eines Softwareprodukts sollten geeignete Programmierwerkzeuge und Softwareentwicklungsumgebungen eingerichtet sein. In der Regel arbeiten mehere Entwickler an einem gemeinsamen Softwareprodukt. Die benötigten Programme, Daten und Werkzeuge müssen zentral verwaltet werden und für jeden Entwickler zugänglich sein. Die zentrale Verwaltung erfolgt durch einen *Entwicklungsbenutzer*[1]. Dieser verwaltet alle zum Produkt gehörenden Daten. Fehlerbehebung, Produktänderungen oder Erweiterungen sind nur über diesen Benutzer durchzuführen.

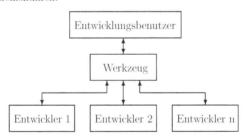

Abbildung 6.1: Entwicklungsumgebung

---

[1]Der Entwicklungsbenutzer ist ein rein administrativer Benutzer.

Vorige Abbildung 6.1 zeigt, wie jeder Entwickler Daten mit dem *Entwicklungsbenutzer* über ein *Werkzeug*[2] austauschen kann. Das *Werkzeug* ist für die Haltung konsistenter Daten verantwortlich.

6.1.1 Die Entwicklungsbenutzer csap110 und cadzvsap

Auf einem IBM RS/6000 Rechner wurden zwei *Entwicklungsbenutzer* csap110 und cadzvsap eingerichtet. csap110 ist für die Verwaltung der Module *Customizing* und *CAD-SAP* zuständig. Unter cadzvsap wird das Modul zur Kopplung mit der Zeichnungsverwaltung *ZVS-SAP* verwaltet.

6.1.1.1 Das Dateisystem

Innerhalb der Benutzer csap110 und cadzvsap wurde folgende Dateistruktur angelegt[3].

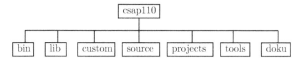

Abbildung 6.2: Dateisystem des Entwicklungsbenutzers

Die einzelnen Verzeichnisse enthalten folgende Daten:

bin   Ausführbare Programme.

lib   Programmbibliotheken.

custom   Unterhalb diesem Verzeichnis befinden sich Daten für das *Customizing-Modul*.

source   Sammlung von FORTRAN und C- Programmen.

projects   Informationen für das Werkzeug NMK.

tools   Diverse Entwicklungswerkzeuge für die Softwareentwicklung.

doku   Bereich für die Ablage von Dokumentation, Benutzerhandbücher, Installationsanleitung und Fehlerprotokolle.

6.1.1.2 Versionsmanagement

Bei der Entwicklung eines Softwareprodukts entstehen im Laufe der Zeit aufgrund von behobenen Fehlern, Erweiterungen und Verbesserungen der Funktionalität immer neue *Softwarevarianten*. Um all diese Varianten übersichtlich verwalten zu können, wird ein *Versionsmanagement* benutzt. Dieses vergibt anhand bestimmter Entscheidungskriterien Versionsnummern.

---

[2]Die Firma CENIT entwickelte zur Programmverwaltung das Werkzeug NMK.
[3]Das Entwicklungswerkzeug NMK erwartet bestimmte Dateistrukturen.

Eine Versionsnummer setzt sich aus den folgenden drei Komponenten zusammen:

- Version

- Release

- Modificationlevel oder auch Patchlevel

Je nach Größe und Ausmaß der vorgenommenen Softwareänderungen wird eine der Komponenten erhöht. Die *Versionsnummer* einer Software wird nur bei größeren Änderungen erhöht, wie zum Beispiel bei Modifikationen des internen Datenmodells oder Einbindung neuer Funktionalität. Das *Release* sollte sich nach einer größeren Zahl behobener Fehler ändern. Der *Modificationlevel* wird bei jeder Art einer Modifikation der Software erhöht (zum Beispiel Behebung eines Fehlers). Für den Benutzer `csap110` wurde die Anfangsversionsnummer auf *Version 1 Release 1 Modificationlevel 0* gesetzt.

6.2 Programmiersprache der Schnittstelle

Im Vorfeld der Entwicklung der PPS-Schnittstelle wurde geprüft, ob eine objektorientierte Sprache zur Softwareentwicklung zum Einsatz kommen kann. Eine objektorientierte Sprache bietet den Vorteil gegenüber herkömmlichen Sprachen, daß die damit erstellte Software bei zunehmender Komplexität besser zu warten ist. Vor dem Einsatz einer objektorientierter Sprache war ein Test durchzuführen, ob diese überhaupt in das bestehende Softwarumfeld einzubinden ist. Weiterhin war die Verfügbarkeit der einzusetzenden Sprache, auf allen unterstützten Plattformen zu untersuchen.

Folgendes Softwareumfeld liegt vor:

CATIA Bietet die Möglichkeit sowohl C wie auch FORTRAN 77 (seit CATIA Version 4.1.4 auch Fortran 90) Programme einzubinden.

CADAM Wie bei dem CAD-System CATIA.

CAD-ZV Entwickelt mit den Sprachen FORTRAN 77 und C.

Interface Das CAD-Interface von der SAP AG ist eine reine C-Schnittstelle.

Toolbox Diese Zusatzbibliothek ist ebenfalls eine reine C-Schnittstelle.

Auf folgenden Plattformen müßte die objektorientierte Sprache zur Verfügung stehen:

- IBM-HOST unter den Betriebssystemen VM und MVS

- IBM RS/6000 Workstation unter dem Betriebssystem AIX

6.2.1 Die objektorientierte Sprache C++

Eine infragekommende Sprache war C++, sie steht auf allen benötigten Plattformen zur Verfügung. Es stand der GNU C++ Compiler zur Verfügung. Mit diesem wurde getestet, ob er in obige Softwarkonstellationen zu integrieren ist.

6.2.2 Testprogramm

Ein erster Test sollte feststellen, ob sich objektorientierter C++-Code mit FORTRAN 77-Code vereinen läßt. Der Test verlief folgendermaßen. Es wurde ein FORTRAN Hauptprogramm MAIN geschrieben welches ein C++ Unterprogramm mit dem Namen cpp aufruft. Dieses C++ Programm muß intern mit der Deklaration extern "C" cpp() definiert sein. Erfolgt dies nicht, vergibt der C++ Compiler einen erweiterten Programmnamen cpp (um eventuelle Funktionsüberlagerungen zu ermöglichen) und es ist nicht mehr möglich, das Programm cpp aus FORTRAN heraus anzusprechen. Das FORTRAN 77-Programm für diesen Test lautet:

```
C  --------------------------------------------------------------------
C  Autor: Tobias Eberle
C  Datum: 03/03/1995
C
C  Beschreibung: FORTRAN 77 Programm zum Aufruf eines C++ Programms
C  --------------------------------------------------------------------
       PROGRAM MAIN
C      --- Definition einer lokalen Variablen
       CHARACTER*18   STRING
       STRING = 'String aus FORTRAN'
C      --- Aufruf des C++ Programm
       CALL CPP(STRING)
       END
```

Listing des C++ Programm welches aus dem FORTRAN-77-Programm aufgerufen wird:

```
#include <iostream.h>
#include "cpp.h"
//
// Autor: Tobias Eberle
// Datum: 03/03/1995
//
// Beschreibung: Testprogramm das eine C++ Objekt enthaelt und einen
//               Parameter aus einem FORTRAN-Programm auf dem
//               Bildschirm ausgibt.
//
// Bemerkung: Das C++ Programm das aus dem FROTRAN aufgerufen wird
// muss die Deklaration extern "C" besitzen.
//
extern "C" {
   void cpp(char *string)
   {
      // Definition eines C++ Objekts xy
      xy  a;

      cout << "Das ist das C++ Programm <cpp.C>\n";
      cout << "FORTRAN-String aus <main.f>: \n" << string;
      a = 3;
      a.print();
   }
}
```

Die zum C++-Programm zugehörige Klasse xy lautet:

```
//
// Autor: Tobias Eberle
// Datum: 03/03/1995
//
// Bemerkung: Da kein dynamischer Speicher allokiert wurde
//            kann der Dafaultdestruktor verwendet werden.
#include <iostream.h>
#include <stdio.h>

#ifndef _XY
#define _XY
//
// Die C++ Klasse xy
class xy {
   public:
         int i;
         xy(int c=0) {i=c;};   // Konstruktor der Klasse
         void print(void) {(void) printf("%d\n",i);};
};
#endif
```

Um das FORTRAN-77 und C++-Programm miteinander zu verbinden, wurde ein `Makefile` erstellt. In diesem sind alle *Regeln* und *Abhängigkeiten* zu beschreiben. Der Unix-Befehl `make` erstellt anhand des `Makefile` ein ausführbares Programm.

```
#
# Makefile: Erstellt ein Programm aus gemischtem Quellcode
#
# C++-Compiler und FORTRAN-Complier bestimmen
CPP=cpp
F77=xlf
# Bibliotheken bekannt machen
LIBPATH=/usr/local/lib
LIBS=$(LIBPATH)/gcc/lib/libgcc.a \
     $(LIBPATH)/libg++.a
OBJ=cpp.o

all :: main

.C.o:
        $(CPP) $(CPPFLAGS) -c -o $@ $<

main : main.f $(OBJ)
        $(F77) $(XLFFLAGS) $(LIBS) main.f $(OBJ) -o main
```

Nachdem das Programm `main` erstellt wurde, folgte dessen Aufruf. Wie zu erwarten, gab es folgende Meldung am Bildschirm aus:

```
$ main
Das ist das C++ Programm <cpp.C>
FORTRAN-String aus <main.f>: String aus FORTRAN
```

Nach diesem erfolgreichen Testverlauf wurde ein weiterer durchgeführt. Ein von der SAP AG ausgeliefertes C-Programm (zum Testen des CAD-Interface) wurde zum einen mit dem GNU C++-Compiler und zum anderen mit dem IBM C-Compiler übersetzt und ausgeführt. Das mit dem C-Compiler erstellte Programm lief ohne Fehler. Wobei das durch den GNU C++-Compiler erstellte Testprogramm durch einen *Coredump*[4] beendet wurde. Bei der Ursachenanalyse mit einem Debugger war nicht festzustellen, weshalb das Programm abstürzte.

Folgerung 6.1: Aufgrund des ungeklärten Programmabsturzes des mit dem GNU C++-Compiler übersetzten Programms wurde auf den Einsatz von C++ verzichtet[5]. Die Softwareentwicklung der PPS-Schnittstelle wird also mit herkömmlichen Sprachen wie FORTRAN und C durchgeführt.

6.3 Pseudosprache

Zur Beschreibung, wie die Realisierung bestimmter Funktionen durchzuführen ist, wurde eine einfache *Pseudosprache* definiert. Mit dieser werden Operationen auf Entitätsmengen durchgeführt. Die *Pseudosprache* setzt sich aus den *Standardfunktionen Put* und *Get* zusammen.

Die Funktion *Put* fügt die in einer Attributsliste enthaltenen Attribute in eine Tabelle ein. Das Sonderattribut ∗ steht für alle Attribute einer Tabelle. Der Aufbau ist wie folgt:

Put <Attributliste|∗> *to* <Tabelle>

Mit *Get* lassen sich Datensätze aus einer Entitätsmenge lesen. Wird die Funktion ohne Angabe von Suchschlüsseln aufgerufen, liest sie beginnend ab dem ersten Datensatz der Tabelle fortlaufend Datensätze aus. Erfolgt die Angabe einer Suchschlüsselliste, werden beginnend ab dem ersten Datensatz der Tabelle, der die Suchbedingung erfüllt, alle weiteren Sätze ausgelesen. Statt einer Merkmalsliste kann auch das Zeichen ∗ verwendet werden. ∗ steht für alle möglichen Merkmale. Der Aufbau der *Get-Funktion* lautet:

Get <Merkmalsliste|∗> *from* <Tabelle> [*with* Suchschlüsselliste]

Durch die Zuweisung → läßt sich ein mit *Get* gelesener Datensatz auch einer Variablen zuweisen.

Bemerkung 6.1: Ist eine benötigte Operation mit einer Standardfunktion nicht durchführbar, wird die Standardfunktion durch eine *spezielle Funktion* ersetzt. Die Namen einer *speziellen Funktion* versucht die Funktion verbal zu beschreiben.

Beispiel 6.1: Mit Hilfe der *Pseudosprache* soll aus Tabelle PANNAM (siehe 4.2.3.3) das Attribut Panelname mit dem Suchschlüssel PAN-ID ermittelt werden. Der hierfür benötigte Befehl lautet:

Get Panelname *from* PANNAM *with* PAN-ID

---

[4]Speicherauszug den das Betriebssystem bei unkontrollierten Programmabstürzen erstellt.
[5]Ein alternativer C++-Compiler stand nicht zur Verfügung.

6.4 Realisierung der Grundfunktionen

Es gibt eine Reihe von *Grundfunktionen* für die PPS-Schnittstelle. Deren Aufgabe ist es, ständig benötigte Funktionen für die CAD-Module bereitzustellen. Die Realisierung dieser Funktionen wird in diesem Kapitel beschrieben.

6.4.1 Sende- und Empfangsstringaufbereitung

Der Datenaustausch zwischen dem CAD- und dem SAP-System wird über einen Datenpuffer durchgeführt. In ihm sind alle Daten sequentiell angeordnet. Aufgabe der *Sende- und Empfangsstringaufbereitung* ist es, einen Datenpuffer zu erstellen oder auszuwerten.

6.4.1.1 Sendestringaufbereitung

Ein *Sendestring* wird benötigt, um Anforderungen an das SAP-System zu stellen. Dieser Fall liegt vor, wenn ein Anwender beispielsweise einen Materialstammsatz im SAP anlegen will. Die anzulegenden Sachmerkmale werden durch den Benutzer in einem CAD-Eingabepanel eingetragen. Aus diesen Eingaben ist der *Sendestring* zu erstellen. Anhand eines einfachen Beispiel wird gezeigt, wie die Realisierung der *Sendestringaufbereitung* durchzuführen ist.

Beispiel 6.2: Ein Materialstammsatz mit der Materialnummer `MAT-4711` und einem zugehörigen Sachmerkmal (zum Beispiel Werkstoff) soll angelegt werden. Der Anwender hat die Materialnummer `MAT-4711` und das Sachmerkmal Werkstoff `Stahl` in das CAD-Panel eingetragen. Die Eingaben stehen nun in der IO-Datei des Panelinterpreters bereit. Über die Zusatzinformationen aus Tabelle PANIOIN liegen alle benötigten Informationen vor. Folgende Tabelle zeigt die Zuordnungen zwischen der IO-Datei und der Zusatzinformationentabelle PANIOIN:

IO-Datei		PANIOIN	
Satz Nr.	Inhalt	Satz Nr.	Feldname
1	MAT-4711	1	MATERIAL
2	Stahl	2	MATTYPE

Tabelle 6.1: Zuordnungen zwischen IO-Datei und PANIOIN

Die IO-Datei enthält die Benutzereingaben `MAT-4711` und `Stahl`. Die zur IO-Datei gehörende PANIOIN-Tabelle besitzt die zum Aufbau eines Sendestrings benötigten Feldnamen (aus der Regeltabelle TCIU).

Folgender Algorithmus zeigt, wie aus beiden Tabellen ein Sendestring aufzubereiten ist.

> *while* ((*Get* Inhalt *from* IO-Datei) != NULL) *do*
>   *Get* Feldname *from* PANIOIN
>   *SapWriteTableValue*(1,Feldname,Inhalt,1)
> *end do*
> *SapCreateSendstr*(&sndstr)

Die Toolbox-Funktion *SapWriteTableValue* legt die Parameter Inhalt und Feldname in der Toolbox ab. Anhand der abgelegten Werte baut die Funktion *SapCreateSendstr* einen Sendestring auf. Der Sendestring wird in der Variablen `sndstr` abgelegt. Der Datenteil des Sendestrings sieht für dieses Beispiel wie folgt aus:

```
sndstr="MATERIAL  ?MAT-4711        ?MATTYPE  ?Stahl?"
```

Der CAD-Interface-Funktion *SapMatcr* ist dieser Sendestring zu übergeben, um den Materialstammsatz im SAP anzulegen.

6.4.1.2 Empfangsstringauswertung

Ein *Empfangsstring* erhält man nach gestellter Anforderung an das SAP-System (zum Beispiel Materialstammsatz anfordern). Die aus dem SAP-System gesendeten Daten sind in ein CAD-Panel einzutragen. Dazu sind die Daten des *Empfangsstrings* in die entsprechenden Panel-IO-Felder zu schreiben. Aus folgendem Algorithmus ist die dafür notwendige Vorgehensweise zu entnehmen.

> *while* ((*Get* Feldname *from* PANIOIN) != NULL) *do*
> *SapGetTableValue*(1,Feldname,&Inhalt,1)
> *Put* Inhalt *to* IO-Datei
> *end do*

Die Toolbox-Funktion *SapGetTableValue* liest ein Merkmal zu einem Feldnamen aus dem Empfangsstring.

Beispiel 6.3: Die im Empfangsstring (Variable `rcvstr`) enthaltenen Daten sind in die IO-Datei des Panelinterpreters zu schreiben. Ein Empfangsstring könnte wie folgt aussehen:

```
rcvstr="MATERIAL  ?MAT-4711       ?MAT_TYPE  ?Stahl?
        BASE_UNIT ?S?DESCRIPT ?Bolzen?"
```

Das Ergebnis, nach Anwendung des Algorithmus, ist eine gefüllte IO-Datei die für dieses Beispiel vereinfacht, wie folgt aussieht:

IO-Datei			
Satz Nr.	Inhalt	Satz Nr.	Inhalt
1	MAT-4711	3	S
2	Stahl	4	Bolzen

Tabelle 6.2: IO-Datei nach der Empfangsstringauswertung

6.4.2 Aufbau eines Dialogpanels

Ein Ergebnis des *Downloads* ist eine Panellayouttabelle (Panel), welche eindeutig genau einem SAP-System, einem Mandanten, einem CADSYS und einer Funktion der SAP-Schnittstelle zugeordnet werden kann. Für eine Funktion der SAP-Schnittstelle (zum Beispiel Material anlegen) können jedoch mehrere Panels existieren (dazu genügt schon das Anlegen eines zweiten Mandanten). Um nicht für jedes Panel einer Funktion alle notwendigen Panelelemente erzeugen zu müssen, wurde folgende Aufteilung eines Panel vorgenommen:

Ein Panel unterteilt sich in zwei Teile, zum einen in den festen Teil, der sich aus Elementen zusammensetzt, welche für alle Panels einer Funktion benötigt werden und in einen variablen Teil, welcher nur aus dem im Download erstellten Panel besteht.

Der *feste Teil* dient als Rumpf des Panels. Er beschreibt das Gesamterscheinungsbild der Dialogmaske. Auf ihm befinden sich Benutzerinformationen oder zur Programmsteuerung notwendige Knöpfe (Buttons) und Eingabefelder. In Abbildung 6.3 wird gezeigt, wie der *feste Teil* des Panels zum Anlegen eines Materialstammsatzes aussehen könnte.

Der *variable Teil* wird über eine INCLUDE-Anweisung[6] in den *festen Teil* des Panels kopiert. Diese Aufgabe wird durch den Panelinterpreter übernommen. Nach Einbindung des *variablen Teils* in den *festen Teil*, erhält man die komplette Dialogmaske zusammengesetzt aus den *festen* und *variablen Teilpanels* wie in Abbildung 6.3 dargestellt.

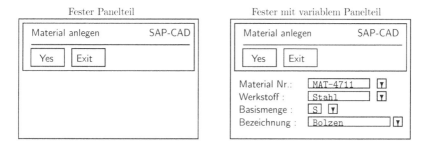

Abbildung 6.3: Fester und variabler Panelteil

Bemerkung 6.2: In Abbildung 6.3 werden die Werte aus vorigem Beispiel der Empfangsstringaufbereitung (siehe Kapitel 6.4.1.2) angezeigt.

6.4.3 Aufbau der Eingabefelder

Ein SAP-Eingabefeld ist mit zwei Sonderfunktionen ausgestattet. Die erste Sonderfunktion, *Hilfe anzeigen*, wird gestartet wenn der beschreibende Text eines Eingabefeld mit dem Mauszeiger angefahren und zusätzlich die Funktionstaste F1 gedrückt wird. Eine zweite Zusatzfunktion ist die Anforderung von *Eingabemöglichkeiten* zu einem Eingabefeld. Diese ist durch die Selektion eines Pfeils, der sich hinter dem Eingabefeld befindet, aufzurufen. Der Aufbau eines SAP-Eingabefeldes ist folgendermaßen:

---

[6]Die INCLUDE-Anweisung muß im *festen Teil* des Panels eingetragen sein.

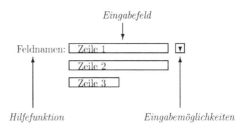

Abbildung 6.4: Eingabefeldaufbau

Die Eingabefelder innerhalb des CAD-Systems sollten in ihrem Aufbau ähnlich der eines SAP-Eingabefeldes sein. Wie dies zu realisieren ist wird in den folgenden Kapitel beschrieben.

6.4.3.1 Hilfefunktion

Durch den Panelinterpreter ist die obige Sonderfunktion, *Hilfe zu Eingabefeldern anfordern*, wie folgt zu realisieren. Der Text vor dem Eingabefeld, ist als selektierbares Element zu kennzeichnen. Zusätzlich erhält der Text einen Returncode zugewiesen. Wird der Text durch den Anwender per Maus selektiert, liefert der Panelinterpreter den zugeordneten Returncode an das Anwendungsprogramm zurück.

Die Anforderung von SAP-Hilfe zu Eingabefelder ist durch die Interface-Funktion *SapHlprq* durchzuführen. Diese benötigt folgende Eingabeparameter:

PCODE Der Prozeßcode repräsentiert die aktuelle Funktion, die der Anwender ausführen will (zum Beispiel Anzeigen Materialstamm "MATRQ").

SCODE Zu PCODE zugehöriger Subprozeßcode (zum Beispiel "MR" für normales Anzeigen des Materialstammes).

Order Kennzeichnet in welche Richtung die Datenübertragung stattfindet (zum Beispiel "D" für Download).

Feldname Der Feldname aus den Regeltabellen zu welchem Hilfe anzufordern ist.

Anhand des vom Panelinterpreter gelieferten Returncodes ist zu entscheiden ob eine Hilfeanforderung vorliegt (RC $\in [1000, 2000]$). Anschließend sind die Parameter (PCODE, SCODE, Order und Feldname) zu ermitteln. Der benötigte *Algorithmus* zur *Anforderung der SAP-Onlinehilfe* lautet:

1. Prüfe ob RC $\in [1000, 2000]$. Falls ja weiter mit 2. sonst Ende.

2. Ermittle aus Tabelle SAPFKT die Parameter PCODE, SCODE und Order durch einen Suchvorgang mit dem Suchschlüssel FKT-ID.

3. Aus Tabelle PANIOIN ist der selektierte Feldname zu ermitteln. Dazu ist der Wert des Returncodes als Suchschlüssel eines binären Suchvorgangs[7] in Tabelle PANIOIN zu verwenden. Aus dem gefundenen Datensatz ist der Feldname zu ermitteln.

---

[7]In Kapitel 6.4.3.3 erfolgt die Beschreibung einer Möglichkeit, wie ein Suchvorgang zu vermeiden ist.

4. Alle Eingabeparameter für die Funktion *SapHlprq* stehen nun bereit, so daß die Hilfe anforderbar ist.

6.4.3.2 Eingabemöglichkeiten

Die Realisierung der *Anzeige der Eingabemöglichkeiten* erfolgt wie die Anforderung der Hilfe durch die Bestimmung der Parameter PCODE, SCODE, Order und Feldname anhand des Panelinterpreter-Returncodes. Der einzige Unterschied besteht darin, daß sich der Returncode RC innerhalb des Intervalls [2001, 3001] liegt und dem Pfeilsymbol (Button) hinter dem Eingabefeld zugeordnet ist.

6.4.3.3 Verbesserung der Feldnamenermittlung

Anhand des Returncodes, den der Panelinterpreter bei der Selektion eines Hilfetextes oder eines Eingabemöglichkeitensymbols (Button mit Pfeil) liefert, ist der zum Eingabefeld gehörende Feldname aus Tabelle PANIOIN zu ermitteln. Die Bereiche in denen sich die Returncodes der Hilfefunktion und den Eingabemöglichkeiten befinden, lauten:

$$Hilfefunktion \qquad \text{falls } RC \in [1000, 2000]$$
$$Eingabemöglichkeiten \quad \text{falls } RC \in [2001, 3001]$$

Jeder Returncode innerhalb dieser Intervalle ist genau einem Eingabefeld und damit auch eindeutig einem Feldnamen aus Tabelle PANIOIN zugeordnet. Über die im folgenden beschriebene Möglichkeit läßt sich der Feldname anhand des Panelinterpreter-Returncodes wesentlich schneller bestimmen.

Die Returncodes[8] sind beim Generieren eines Panels so zu vergeben, daß direkter Zugriff auf die Informationen (Feldname) aus Tabelle PANIOIN besteht.

---

[8]Die zu bestimmenden Returncodes müssen in Tabelle PANEL unter den Elementtypen 20 Text und 70 Button in das Attribut RC eingetragen werden.

Dies ist wie folgt zu realisieren: Bei der Vergabe eines Returncodes für die Hilfefunktion oder Eingabemöglichkeiten, errechnet sich der Wert für RC durch:

$$RC = \begin{cases} 1000 + \text{Satznummer in PANIOIN}, & \text{falls } \textit{Hilfefunktion} \\ 2001 + \text{Satznummer in PANIOIN}, & \text{falls } \textit{Eingabemöglichkeiten} \end{cases}$$

Die Ermittlung des Feldnamen aus Tabelle PANIOIN erfordert jetzt keinen binären Suchvorgang mehr, sondern nur noch einen Lesezugriff. Die Satznummer des zu lesenden Datensatzes aus PANIOIN läßt sich einfach durch die Subtraktion der linken Intervallgrenze vom Returncode bestimmen.

Für die *Hilfefunktion* (falls RC $\in [1000, 2000]$) errechnet sich die Datensatznummer in Tabelle PANIOIN durch:

$$Satznummer = \text{RC} - 1000 + 1$$

oder für die *Eingabemöglichkeiten* (falls RC $\in [2001, 3001]$):

$$Satznummer = \text{RC} - 2001 + 1$$

6.5 Realisierung der Kopplungsfunktionen

Alle in diesem Kapitel vorgestellten Realisierungsmöglichkeiten der Kopplungsfunktionen beziehen sich ausschließlich auf das Modul ZVS-SAP.

6.5.1 Realisierung der Sachmerkmal-Datenübernahme

Der Übernahme von Sachmerkmalen eines SAP-Materialstammsatzes in die Schriftfelder eines CAD-ZV-Zeichnungskopfes stehen folgende Informationen zur Verfügung:

- Die durch den Anmeldevorgang im SAP festgelegten Parameter SAP-ID, MANDANT-ID und CADSYS-ID.

- Materialnummer des zu übernehmenden Stammsatzes[9].

- Sachmerkmale des Materialstammsatzes

- Verweistabelle ZVSSAPR in der die zu übernehmenden Sachmerkmale definiert sind.

- Zum Eingabepanel des Zeichnungskopfes gehörende temporäre IO-Datei. Diese wird durch den Panelinterpreter bereitgestellt. Die Zeichnungsverwaltung CAD-ZV versieht diese Datei mit verschiedenen Zusatzinformationen. Eine solche Zusatzinformation ist die zum Schriftfeld gehörende FBS1ID.

---

[9]Diese ist wie in 5.1.3 beschreiben durch die Matchcodesuche ermittelbar.

Die Aufgabe der Sachmerkmal-Datenübernahme besteht darin, die zum Zeichnungskopf gehörende temporäre IO-Datei mit den in Tabelle ZVSSAPR definierten Sachmerkmalen zu füllen. Der hierfür benötigte Algorithmus lautet:

> *while* ((*Get* FBS1ID *from* IO-Datei) != NULL) *do*
>   *if* (*Get* Feldname *from* ZVSSAPR *with* FBS1ID) != NULL) *then*
>   *SapGetTableValue*(1,Feldname,&Inhalt,1)
>   *Put* Inhalt *to* IO-Datei
>   *endif*
> *end do*

Bemerkung 6.3: Obiger Algorithmus setzt voraus, daß sich der SAP-Materialstammsatzes im Speicher der Toolbox befindet. Die Toolbox-Funktion *SapGetTableValue* liest zu einem gegebenen Feldnamen den zugehörigen Inhalt des Materialstammsatzes aus dem Toolbox-speicher.

Beispiel 6.4: Ein Materialstammsatz wurde zur Übernahme in den Zeichnungskopf ausgewählt. Die Daten des Stammsatzes wurden durch die CAD-Interface-Funktion *SapMatrq* in einen Empfangsstring gestellt. Dieser könnte wie folgt aussehen:

```
rcvstr="MATERIAL  ?MAT-4711        ?DESCRIPT ?Werkzeug?
        PLANT     ?001?STORAGE     ?000?"
```

Eine zum Zeichnungskopf gehörende IO-Datei enthält die zur Sachmerkmal-Datenübernahme notwendige FBS1ID[10]. Der Inhalt des Schriftfeldes ist noch leer. Die vereinfacht dargestellt IO-Datei sieht folgendermaßen aus:

IO-Datei	
FBS1ID	Inhalt
3702	' '

Tabelle 6.3: IO-Datei vor der Sachmerkmal-Datenübernahme

In Tabelle ZVSSAPR ist ein Eintrag für die Sachmerkmal-Datenübernahme enthalten. Dieser definiert, daß das Sachmerkmal mit dem Feldnamen DESCRIPT[11] aus dem SAP-System in das Schriftfeld übernommen werden soll. Die Tabelle ZVSSAPR sieht vereinfacht dargestellt wie folgt aus:

Tabelle ZVSSAPR							
FBS1ID	SAP	MANDANT	CADSYS	Material	Werk	Lager	Feldname
3702	1	1	1	MATERIAL	PLANT	STORAGE	DESCRIPT

Tabelle 6.4: Definitionen in ZVSSAPR für die Sachmerkmal-Datenübernahme

---

[10]Die FBS1ID wird von der Zeichnungsverwaltung CAD-ZV in die IO-Datei geschrieben.
[11]Feldname aus den SAP-Regeltabellen

Wendet man nun obigen Algorithmus auf dieses Beispiel an, enthält die IO-Datei das Merkmal **Werkzeug** aus dem SAP-System. Die IO-Datei nach Durchführung des Algorithmus zur Sachmerkmal-Datenübernahme sieht wie folgt aus:

IO-Datei	
FBS1ID	Inhalt
3702	Werkzeug

Tabelle 6.4: IO-Datei nach der Sachmerkmal-Datenübernahme

Bemerkung 6.4: An dieser Stelle wird ein Programm der Zeichnungsverwaltung CAD-ZV gestartet. Dieses erzeugt anhand der IO-Datei einen Zeichnungskopf. Durch die Manipulation der IO-Datei mittels der Sachmerkmal-Datenübernahme erscheint das aus dem SAP-System übernommene Sachmerkmal im Zeichnungskopf.

6.5.2 Realisierung der SAP-Datenanzeige

Bei der *SAP-Datenanzeige* ist der zu denen im CAD-ZV-Zeichnungskopf enthaltenen Sachmerkmalen gehörende Materialstammsatz anzuzeigen. Die *SAP-Datenanzeige* ist innerhalb der CAD-ZV-Funktion, *Werte einer CAD-ZV-Zeichnung anzeigen*, aufrufbar. Zu diesem Zeitpunkt existiert eine von CAD-ZV bearbeitete temporäre IO-Datei. In ihr befinden sich zum einen alle auf dem Bildschrim angezeigten Inhalte der Schriftfelder einer CAD-ZV-Zeichnung. Zusätzlich enthält diese die nicht sichtbaren Zusatzinformationen, wie die zu einem CAD-ZV-Schriftfeld gehörende FBS1ID.

Die wesentlichen Arbeitsschritte der *SAP-Datenanzeige* lauten:

1. Feststellen zu welchem Materialstammsatz die in der Zeichnung enthaltenen Sachmerkmale gehören (wird im folgenden Algorithmus beschrieben).

2. Aufbereitung des Sendestrings zur Materialstammsatzanforderung.

3. Entsprechenden Materialstammsatz vom SAP-System anfordern mit der CAD-Interface-Funktion *SapMatrq*.

4. Die empfangenen Daten sind mit der in Kapitel 6.4.1.2 beschriebenen Vorgehensweise in das CAD-Panel zu schreiben.

5. Anzeige des CAD-Panel.

Eine Beschreibung zur Durchführung der Arbeitsschritte 2, 3 und 4 erfolgte schon in vorhergehenden Kapiteln. Entscheidend für die *SAP-Datenanzeige* ist Arbeitsschritt Nummer 1. In diesem ist festzustellen, welcher Materialstammsatz anzuzeigen ist.

Der im folgenden beschriebene Algorithmus muß, aus der zum Zeichnungskopf gehöhrenden IO-Datei, die FBS1ID eines Schriftfeldes ermitteln. Anhand der FBS1ID ist zu prüfen, ob zu dieser ein Sachmerkmal aus dem SAP-System übernommen wurde. Ist dies der Falle, kann der Sendestring zur Anforderung des entsprechenden Materialstammsatzes erfolgen.

Der folgende Algorithmus zeigt, wie dies durchzuführen ist.

while ((*Get* FBS1ID *from* IO-Datei) != NULL) *do*
    while ((*Get* * *from* ZVSSAPR *with* FBS1ID → a) != NULL) *do*
        SapWriteTabelValue(1,a(51:60),a(33:50),1)
        SapWriteTabelValue(1,a(64:73),a(61:63),1)
        SapWriteTabelValue(1,a(78:87),a(74:77),1)
    end do
end do
SapCreateSendstr(&sndstr)
SapMatrq("MR",sndstr,&rcvstr,message)

6.5.3 Realisierung des automatischen Anlegens von Dokumenten

Ein Dokument ist, wie in Kapitel 3.1.5.1.3 beschrieben, durch einen in den Freigabeprozeß integrierten *User-Exit* anzulegen. Dem *User-Exit* sind alle zur Erzeugung eines Dokuments benötigten Informationen, durch die Zeichnungsverwaltung CAD-ZV in der temporären Schnittstellendatei USRTMP (siehe Kapitel 5.1.8.3) bereitgestellt. Die darin enthaltenen Werte sind auszulesen und für den Aufruf der Interface-Funktion *SapDoccr* entsprechend aufzubereiten (Sendestringzusammenbau). Bei der Aufbereitung des Sendestrings ist die Toolbox-Funktion *SapWriteTableValue* einzusetzen. Dieser sind die in Regeltabelle TCIU definierten Feldnamen[12] und deren Inhalte zu übergeben.

Um die in der temporären *User-Exit-Datei* USRTMP enthaltenen Informationen an die korrekten Felder im SAP-Data-Dictionary weiterzuleiten, müssen in der SAP-Regeltabelle TCIU die in folgender Tabelle dargestellten Definitionen vorhanden sein.

Setname	Feldname	Länge	Bedeutung
DOCCR	DOC_NUMBER	28	Dokumentennummer
DOCCR	DOC_OWNER	08	Ersteller des Dokuments
DOCCR	DOC_VERS	04	Versionsnummer

Tabelle 6.5: Regeltabelle TCIU für den Freigabeprozeß

Bemerkung 6.5: Die Namensvorschriften für die Feldnamen aus Tabelle TCIU müssen unbedingt eingehalten werden, da sonst keine fehlerfreie Erzeugung eines Sendestrings erfolgen kann. Die Namensvorschift wäre nur durch eine zusätzliche Verweisdatei zu vermeiden. In dieser müßten den Feldnamen aus der Regeltabelle TCIU die im Programm festgelegten Feldnamen zugeordnet sein.

Der folgende Algorithmus beschreibt, wie anhand der temporären *User-Exit-Datei* USRTMP, der zum Anlegen des SAP-Dokuments benötigte Sendestring aufzubauen ist:

---

[12]Ein Feldname repräsentiert ein Attribut aus dem Data-Dictionary.

$1 \rightarrow i$
while $((Get * from$ USRTMP $\rightarrow a)$!= NULL) *do*
   switch (i) *in*
      case 1:
         $SapWriteTabelValue$(1,"DOC_NUMBER",a(1:28),1)
      case 2:
         $SapWriteTabelValue$(1,"DOC_OWNER",a(1:8),1)
      case 3:
         $SapWriteTabelValue$(1,"DOC_VERS",a(1:4),1)
   end switch
   i++
end do
$SapCreateSendstr$(&sndstr)
$SapDoccr$("MR",sndstr,&rcvstr,message)

Beispiel 6.5: Innerhalb der Zeichnungsverwaltung CAD-ZV wird ein in den Freigabeprozeß integrierten User-Exit aufgerufen. Dieser schreibt Informationen aus der Zeichnung in die temporäre Schnittstellendatei USRTMP (Beschreibung siehe hierzu 5.1.8.3). Diese könnte folgende Inhalte besitzen:

Tabelle USRTMP	
Satz Nr.	Inhalt
1	27301
2	EBERLE
3	*

Tabelle 6.5: Schnittstellendatei USRTMP für den Freigabeprozeß

Aus diesen Informationen baut obiger Algorithmus einen Sendestring zur Erzeugung eines SAP-Dokuments mit der CAD-Interface-Funktion *SapDoccr* auf. Der Sendestring sieht wie folgt aus:

```
sndstr="DOC_NUMBER ?27301?DOC_OWNER ?EBERLE ?DOC_VERS ?*?"
```

Wird für die Dokumentenversion ein * übergeben, vergibt das SAP-System automatisch die nächst höhere Versionsnummer für das Dokument. Nachdem die Funktion *SapDoccr* erfolgreich terminierte, erhält die Variable **messag** eine Benutzernachricht. Diese enthält die 28-stellige Dokumentnummer und die vom SAP-System vergebene Dokumentenversion:

```
messag="Dokument ZNG-0000000000000000027301 mit Vers. 001 wird angelegt"
```

6.6   Realisierung des Customizing-Moduls

Für das *Customizing-Modul* sind folgende Funktionen zu realisieren:

- Verwalten der Basistabellen. Dazu gehöhrt das Anlegen der virtuellen Benutzer und Benutzergruppen.

- Verwalten der SAP-spezifischen Tabellen. Hier muß dem Anwender die Möglichkeit gegeben werden, sämtliche Definitionen wie zum Beispiel die Mandanten, die Kommunikationsparameter oder die CPIC-Benutzer durchzuführen.

- Erstellen der Panellayouttabellen durch einen Download.

- Grafisch unterstützte Anpassung der Panellayouttabellen (Skalierung).

Sämtliche Funktionen sind innerhalb einer Benutzeroberfläche integriert, die sowohl unter X-Windows[13] wie auch unter ISPF[14] lauffähig sein müssen.

Die wohl aufwendigste Funktion des *Customizing-Moduls* ist der *SAP-Download*. Wie die Realisierung des *Downloads* durchzuführen ist, wird im folgendem Kapitel beschrieben.

6.6.1 Realisierung des Downloads

Aufgabe des *Downloads* ist es, sämtliche Entitätsmengen zu erstellen, welche sich innerhalb des *Downloadbereichs* befinden. Hierzu sind die Regeltabellen TCIM, TCIU und TCID aus dem SAP-System zu lesen und die darin enthaltenen Informationen zur Generierung der Tabellen PANEL, PANNAM, PANIOIN und SAPPAN zu verwenden. Das Auslesen der Regeltabellen erfolgt durch die CAD-Interface-Funktion *SapSysrq*. Nach durchgeführtem Aufruf von *SapSysrq* liegen die Regeltabellen in lokalen Dateien vor, auf die das Customizing-Programm zugreifen kann.

Im folgenden Algorithmus werden drei spezielle Funktionen verwendet. Diese Funktionen gehören nicht zu den definierten Standardfunktionen der *Pseudosprache*. Deshalb folgt eine kurze Erklärung dieser Funktionen:

CreatePanelName Diese Funktion erzeugt einen eindeutigen Namen (Dateinamen) mit dem das zu generierende Panel abgespeichert wird. Dieser achtstellige Dateinamen wird in Tabelle PANNAM eingetragen.

CreatePanID Erzeugt die eindeutige Nummer PAN-ID.

RequestPoValue Um festzustellen ob Eingabemöglichkeiten zu einem SAP-Eingabefeld existieren ist diese Funktion zuständig. Sie liefert im Falle, daß Eingabemöglichkeiten vorhanden sind eine natürlich Zahl > 0 zurück.

Die Beschreibung des *Download* erfolgt durch folgendes *Pseudoprogramm*:

---

[13]X-Windows ist netzwerfähiges Fenstersystem von MIT unter dem Betriebssystem Unix.
[14]Werkzeug zur Erstellung und Steuerung von Dialogmasken für ASCII-Terminal unter den Betriebssystemen VM und MVS von IBM.

1 → j ; 0 → RCHelp ; 0 → RCReqpv
Get PAN-ID *from* SAPPAN *with* SAP-ID,MANDANT-ID,CADSYS-ID,FKT-ID
if (PAN-ID == NULL) *then*
    CreatePanelName → Name
    CreatePanID → PAN-ID
    Put PAN-ID,Name *to* PANNAM
    Put PAN-ID,SAP-ID,MANDANT-ID,CADSYS-ID,FKT-ID *to* SAPPAN
endif

while ((*Get* PCODE,SCODE,Order *from* SAPFKT → a) != NULL) *do*
    if (Order="D") *then*
        TABLE = TCID
    else
        TABLE = TCIU
    endif

    Get Setname *from* TCIM *with* PCODE,SCODE,Order
    while ((*Get* Feldname,Length *from* TABLE *with* Setname) != NULL) *do*
        Put Feldname,Length,++RCHelp *to* PANEL[a]
        RequestPoValue with PCODE,SCODE,Order,Felname → n
        if (n > 0) *then*
            Put ++RCReqpv *to* PANEL[b]
        endif
        Get Default,SDMD-ID *from* SAPDEF *with* PAN-ID,Feldname
        Put Default,SDMD-ID *to* PANIOIN
    done
done

---

[a]Datensatztyp IO-Feld
[b]Datensatztyp Button

Anhang A

Der Panelinterpreter

Die Oberfläche der meisten CAD-Systeme ist individuell gestaltbar. In den verschiedenen CAD-Systemen gibt es die Möglichkeit, auf dem Bildschirm elementare Objekte, wie zum Beispiel Kreise, Linien, Texte usw. darzustellen. Aus der Zusammensetzung solcher Objekte können Oberflächen zur Ein- und Ausgabe von Daten generiert werden. Unter dem CAD-System CATIA gibt es dafür das GRAPHICS INTERACTIVE INTERFACE GII. Das CAD-System CADAM stellt den INTERACTIVE USER EXIT IUE zur Verfügung.

Um mit verschiedenen CAD-Systemen und den gleichen Panelaufrufen arbeiten zu können ist, zwischen den oben erwähnten *Darstellungsinterfaces* und Anwendungen, welche die Panels verarbeiten, ein *Panelinterpreter* geschaltet. Die Grundidee des *Panelinterpreters* besteht darin, den Aufwand für das Design der Anwendersoftware dadurch zu minimieren, daß alle für die Definition des Panels nötigen Daten in Dateien gehalten werden. Dadurch ist ein dynamischer Aufbau der Panels möglich. Die Modifikation eines Panels beschränkt sich darauf, die Definitionsdateien (Panellayouttabellen) zu editieren. Die Änderungen sind am Bildschirm nach Abspeichern der Datei und erneutem Aufruf durch den Interpreter sofort sichtbar.

A.1 Schnittstelle des Panelinterpreter

Die Schnittstelle zwischen *Panelinterpreter* und *Anwendungsprogramm* ist über verschiedene *temporäre Dateien* und *Schnittstellenprogramme* realisiert. Die *Schnittstellenprogramme* sind zur Verarbeitung der Panelsteuerung zuständig (zum Beispiel Panel öffnen oder schließen). Mit den *temporären Schnittstellendateien* findet die Datenübertragung zwischen *Panelinterpreter* und *Anwendung* statt (zum Beispiel sind anzuzeigende Tabellen in einer temporären Tabelleninputdatei abgelegt).

A.2 Funktionsweise des Panelinterpreter

Der *Panelinterpreter* stellt dem Anwendungsprogrammierer verschiedene *Schnittstellenprogramme* zur Verarbeitung der Panelsteuerung zur Verfügung.

Mit der Funktion *wopna* wird ein anzuzeigendes Panel ausgewählt. Vor dem eigentlichen Öffnen des Panels kann über das Programm *panst* die Initialisierung des Panels erfolgen. Danach wird das Panel durch den *Panelinterpreter* im CAD-System angezeigt (View anschalten). Nachdem der Anwender bestimmte Interaktionen durchgeführt hat, sind die *temporären Schnittstellendateien* durch den *Panelinterpreter* gefüllt. Der Programmierer kann die ausgeführten Interaktionen in einem Schnittstellenprogramm namens *pavst* abfragen und die temporären Dateien mit den Benutzereingaben auswerten. Die Funktion *wdrop* schließt ein geöffnetes Panel wieder (View ausschalten). In folgender Abbildung ist das Zusammenspiel zwischen den Panelinterpreterfunktionen[1], dem Programmierer[2] und den Aktionen im CAD-System[3] dargestellt:

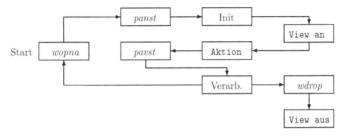

Abbildung A.1: Funktionsweise des Panelinterpreters

Bemerkung A.1: Der *Panelinterpreter* kann aus technischen Gründen maximal vier Panels gleichzeitig anzeigen.

A.3   Elemente und Anweisungen zur Panelgestaltung

Zur Gestaltung eines CAD-Panels stehen verschiedene CAD-Elemente und spezielle Anweisungen zur Verfügung. Eine kurze Beschreibung der wichtigsten Elemente und Anweisungen folgt in den weiteren Kapiteln.

---

[1] *Kursivschrift*
[2] Normalschrift
[3] Schreibmaschinenschrift

A.3.1 Die Includeanweisung

Es besteht die Möglichkeit in ein Panel weitere Panels einzubinden. Dies erfolgt durch die Anweisung:

`INCLUDE` *Include-Name*

Der *Panelinterpreter* kopiert an der Stelle des Auftretens der *Include-Anweisung* das Panel mit dem Namen *Include-Namen* in das Panel. Damit lassen sich dynamische Panellayouts generieren.

A.3.2 Das Element IO-Feld

IO-Felder dienen sowohl zur Anzeige wie auch zur Erfassung von Texten. In der *Panel-Input/Output-Datei* erfolgt die Verwaltung dieser Felder. Jedes definierte IO-Feld aus der Panellayouttabelle erhält genau einen Datensatz in der IO-Datei.

Anzuzeigende Texte müssen vor dem Panelaufbau in die IO-Datei geschrieben werden. Texte, die durch den Benutzer eingegeben wurden, stehen nach der Benutzerinteraktion in der IO-Datei.

A.3.3 Das Element Tabellen

Um Listen in Panels auszugeben ist die Definition einer *Tabelle* durchzuführen. Die anzuzeigenden Tabelleninhalte sind in die *Tabelleninput-Datei* zu schreiben. Der Anwender kann durch die Liste scrollen und Elemente selektieren. Die selektierten Listenelemente schreibt der *Panelinterpreter* in die *Tabellenoutput-Datei*.

Anhang B

Zusammenfassung

B.1 Das Umfeld

Um mit Erfolg in den wettbewerbsorientierten Märkten zu bestehen, kann gegenüber den Mitbewerbern nur dann ein Vorsprung erzielt werden, wenn neue Technologien zur Automatisierung der Konstruktions- und Fertigungsprozesse eingesetzt werden. Als Zielsetzung für die Verbesserung des Entwicklungsprozesses stehen:

- Verkürzung der Time-to-Market-Zyklen

- Qualitätsverbesserungen

- Senkung der Herstellkosten

- und Verbesserungen der Innovationsleistung im Vordergrund

Aus diesen Anforderungen heraus hat sich Concurrent Engineering mit durchgängigen Prozeßketten von der Entwicklung über die Konstruktion bis hin zur Arbeitsvorbereitung, Qualitätskontrolle und Fertigung etabliert.

B.2 Die Kopplung von CAD- und PPS-System

Beim Entwurf einer technischen Anlage ist der Arbeitsablauf quasi zweigeteilt: In die Konstruktionsphase auf der einen und in die Verwaltung der zugehörigen Stammdaten und Stücklisten auf der anderen Seite. Naheliegend ist es daher, diese beiden Arbeitsvorgänge miteinander zu koppeln und hierbei die Leistungsfähigkeit von DV-Systemen zu nutzen. Eine solche Kopplung muß in der Lage sein, Entwurfs- und Produktionsplanungsphase direkt (online) in Verbindung zu bringen. Computer Aided Design (CAD), und Produktionsplanungssystem (PPS) sollten daher zu einer für den Konstrukteur einheitlichen Umgebung zusammenwachsen, als Teil des Computer Aided Engineering (CAE).

Mit der SAP-Schnittstelle soll eine solche Lösung zur Verfügung gestellt werden. Mit dieser lassen sich Funktionen des SAP-Systems in das CAD-System vollständig integrieren.

B.3 Die SAP-Schnittstelle

Die SAP-Schnittstelle ist für die CAD-Systeme CATIA und CADAM verfügbar und kann sowohl mit einem SAP R/2 oder R/3 System kommunizieren. Die Kopplung basiert vollständig auf der Kommunikationsschnittstelle CPIC welche eine Programm-zu-Programm Verbindung ermöglicht. Als Netzwerkprotokoll ist TCP/IP oder LU6.2 einzusetzen.

Die SAP-Schnittstelle ist modular aufgebaut, sie kann entweder in die Zeichnungsverwaltung CAD-ZV von der CENIT GmbH oder als selbständiges Modul eingesetzt werden. Folgende Module stehen zur Verfügung:

- Customizing
- ZVS-SAP
- CAD-SAP

Das Zusammenspiel der einzelnen Module und dem SAP-System ist in Abbildung B.1 nochmals dargestellt.

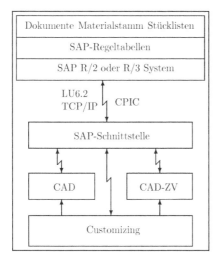

Abbildung B.1: Gesamtübersicht des Schnittstellenaufbau

Die Schnittstelle stellt dem CAD-Anwender eine breite Palette an Funktionen zur aktiven Materialwirtschaft, Stücklistenverwaltung und automatischen Dokumentenerzeugung zur Verfügung. Sämtliche Funktionen sind voll in das CAD-System integriert. Alle Aufgaben im SAP-Umfeld können damit direkt aus dem CAD-System heraus durchgeführt werden.

B.4 Das Customizing-Modul

Das Customizing-Modul dient zur Anpassung und Konfiguration der SAP-Schnittstelle an die kundenspezifischen Gegebenheiten. Es beinhaltet folgende Funktionen:

- Menügesteuerte Einstellung der Kommunikationsparameter für die Einstellung der Verbindung zwischen dem CAD- und SAP-System (Sideinfo- und Caddialg-Verwaltung, siehe Kapitel 3.2.2.1 und 3.2.2.2).

- Zu beliebigen Zeiten durchführbarer SAP-Regeltabellenabgleich (Download, siehe Kapitel 3.2.3).

- Eine optional verwendbare Benutzerverwaltung.

- Sonderfunktionen zur Anpassung und Gestaltung der CAD-Oberfläche (Skalierung, siehe Kapitel 3.2.4).

B.5 Das Modul CAD-SAP

CAD-SAP ist ein unabhäniges Modul und dient als Schnittstelle zwischen dem SAP-System (R/2 oder R/3) und den CAD-Systemen CATIA und CADAM. Das Modul besitzt folgende Funktionalität:

- Aufbau einer Online-Verbindung zum SAP.

- Interaktives Aufsuchen von Materialstammsätzen oder Stücklisten über die SAP-Matchcodesuche.

- Anzeigen von SAP-Materialstammdaten.

- Anlegen von Materialstammsätzen. Bei der Datenerfassung wird der Anwender mit den bekannten SAP-Hilfefunktionen und SAP-Eingabemöglichkeiten unterstützt.

- Änderung und Ergänzung von SAP-Materialien. Es können sowohl beschreibende Texte (Kurztexte, Prüftexte und interne Vermerke), wie auch Sachmerkmale geändert werden.

B.6 Das Modul ZVS-SAP

ZVS-SAP ist ein Integrationsmodul für die Zeichnungsverwaltung CAD-ZV und dem SAP R/2 oder R/3 System. Folgende Funktionen beinhaltet das Modul:

- Sämtliche Funktionen des CAD-SAP-Modul.

- Übernahme von beliebigen SAP-Materialstammdaten in einen CAD-ZV-Zeichnungsschriftkopf. Die zu übernehmenden Stammdaten lassen sich frei konfigurieren.

- Aus den übernommenen SAP-Stammdaten lassen sich jederzeit wieder die zugehörigen Materialstammsätze vollständig anzeigen.

- In den Freigabeprozeß von CAD-ZV voll integrierte SAP-Dokumentenerzeugung. Dokumente werden mit Versionsnummern und Materialstammsatz- und Zeichnungsbezügen erzeugt. Damit lassen sich im SAP sämtliche Freigabestufen einer CAD-ZV-Zeichnung aufzeichnen und rekonstruieren.

B.7 Ziele und Wirtschaftlichkeit

Die SAP-Schnittstelle erfüllt die gesetzten Ziele der Einführung einer integrierten CAE-Lösung. Ziele sind höhere Wirtschaftlichkeit in Herstellung und Betrieb, weitgehende Flexibilität bei der Erfüllung individueller Kundenwünsche, Reduzierung der Datenredundanz und die Verwirklichung praxisgerechter Qualität. Das Hauptziel ist ein durchgängiger Datenfluß auf Basis eines Datenverarbeitungssystems im Vordergrund, das möglichst weitgehend die bisherigen manuellen Routinearbeiten automatisiert. Folgende wirtschaftlichen Gesichtspunkte sprechen für die SAP-Schnittstelle:

- Direkte Einbindung der SAP-Funktionen in das CAD-System

- Reduzierung der Teilevielfalt durch Verwendung von SAP-Datenbeständen

- Volle Integration in die Zeichnungsverwaltung möglich

- Einfache und schnelle Konfiguration

- Benutzerfreundliche grafische Oberfläche

Anhang C

Aussichten

Während der Ausarbeitung dieser Diplomarbeit stellten sich Fragen, welche vorerst aus zeitlichen Gründen nicht erschöpfend beantwortet werden konnten. Zu diesen Fragen gehöhrten:

- Welche weiteren Produktionsplanungssysteme sollen durch die Schnittstelle unterstützt werden?

- Welche weiteren SAP-Module müssen in der SAP-Schnittstelle enthalten sein?

- Wann und wie ist eine Portierung der Schnittstelle auf andere Plattformen durchzuführen?

- Mit welchen Methoden läßt sich eine Reduzierung zusätzlicher Schnittstellen für den anwendundgsübergreifenden Datenaustausch (zum Beispiel zwischen CAD und PPS) verringern?

C.1   Unterstützung weiterer PPS-Systeme

Derzeit existieren auf dem Markt ungefähr 200 verschiedene PPS-Standardsoftwareprodukte [10]. Die Anzahl der branchenorientierten Lösungen liegt nach einer AIP-Studie [5] bei 167. Die Branchen Maschinenbau, Elektro und Apparatebau nehmen dabei den größten Teil ein. Bei der Konzeption der Schnittstelle war darauf zu achten, daß diese prinzipiell alle PPS-Systeme unterstützt. Diese Forderung floß wesentlich in das logische Datenbankdesign ein.

Die in dieser Diplomarbeit durchgeführte Konzeption einer Schnittstelle zu Produktionsplanungssystemen bezog sich weitgehend auf das derzeit populärste Standardsoftwaresystem SAP R/2 und R/3. Demzufolge wurde die PPS-Schicht des Datenmodells durch die SAP-Schicht (siehe hierzu Kapitel 4.2.2) substituiert. Weitere Schnittstellen zu anderen PPS-Systemen sollen bei der CENIT GmbH vorerst nicht realisiert werden.

C.2   Realisierung weiterer SAP-Module

Erstes Entwicklungsziel für die SAP-Schnittstelle ist die Realisierung des Bereiches Materialstamm und dessen Zertifizierung durch die SAP AG Walldorf. Ist dieses Ziel erreicht, sollen die Bereiche Dokument und Stücklisten ebenfalls implementiert und zertifiziert werden. Das automatische Anlegen von Dokumenten (wie in Kapitel 3.1.5.1.3 und 5.1.8.3 beschrieben) wird schon in der ersten Entwicklungsphase realisiert.

C.2.1 Stücklistenmodul

Das Stücklistenmodul sollte alle zur Zertifizierung notwendigen Standardfunktionen für Stücklisten wie das Anlegen, das Ändern und das Anzeigen aller Arten (Materialstückliste, Dokumentenstückliste und Equipmentstückliste) sowie aller Typen (Mehrfachstückliste, Variantenstückliste und rekursive Stückliste) enthalten.

C.2.2 Dokumentenverwaltungsmodul

Zur Erlangung des Zertifikats für das Dokumentenmodul, sind sämtliche Dokumentenstammfunktionen zu implementieren. Dazu gehören das Anlegen, das Ändern und das Anzeigen von SAP-Dokumenten. Die Einbindung dieser Funktionen in das CAD-System könnte ähnlich wie die Einbindung der Materialstammsatzfunktionen (siehe Kapitel 5.1.3 bis 5.1.7) erfolgen.

Mit Hilfe der in den CAD-ZV-Freigabeprozeß integrierten User-Exits soll das automatische Anlegen von Dokumenten mit Versionsnummern, Zeichnungs- und Materialstammsatzbezügen erfolgen. Hier könnte noch eine zusätzliche *Status-Funktion* nützlich sein. Diese vergibt anhand der Freigabstufe einer CAD-ZV-Zeichnung dem zugehörigen SAP-Dokument einen Dokumentenstatus. Im SAP-System stehen für Dokumente folgende Statis zur Verfügung:

- AR, für archiviert.

- FR, für freigegeben.

- ZG, für zurückgewiesen.

Hintergrund für diese *Statusfunktion* bildet die Möglichkeit, im SAP-System dokumentenstatusabhänige Prozesse definieren zu können. Solche Prozesse könnten sein:

- Anforderung der zur Fertigung eines Produktes benötigten Materialien.

- Fertigungsauftragserteilung an eine Produktionsstätte.

- Archivierung der zu einem Produkt gehörenden technischen Zeichnung in einem optischen Archivierungssystem.

Durch diese Prozeßketten lassen sich zum einen die Time-to-Market-Zyklen erheblich verkürzen und zum anderen die manuellen Routinearbeiten verringern. Die *Status-Funktion* sollte jedoch nicht in die Standardentwicklung der SAP-Schnittstelle aufgenommen werden. Ihr Einsatz wird erst sinnvoll, wenn ein Kunde dokumentenstatusabhänige Prozeßketten einsetzen will.

C.3 Portierung auf weitere Plattformen

Die Realisierung der SAP-Schnittstelle auf Basis dieser Diplomarbeit erfolgt in der ersten Phase auf einem Risc-Rechner (RS/6000) von IBM. Weitere Plattformen wie etwa IBM-Großrechner mit den Betriebssystemen VM und MVS sollen auch unterstützt werden. Seit einiger Zeit bietet die Firma Dassault Systems das CAD-System CATIA auch für Arbeitsplatzrechner von HP (Hewlett Packard) und Silicon Graphics an. Demzufolge ist die SAP-Schnittstelle auch auf diese Systeme zu portieren. Dabei ist folgende Vorgehensweise geplant:

1. Entwicklung der kompletten Software auf einem IBM Risc-Rechner.

2. Zertifizierung der erstellten Software durch die SAP AG Walldorf.

3. Portierung der zertifizierten Software auf einen Großrechner unter dem Betriebssystem VM[1].

4. Im letzten Portierungsschritt soll die Unterstützung der Unix-Rechnersysteme von HP und Silicon Graphics durchgeführt werden.

C.4 Gemeinsames Datenmodell

Die meisten Anwendungen besitzen ihre eigene Datenbank zur Haltung von Datenbeständen. Diese Strategie führte in den vergangenen Jahren zu einer Vielzahl an unterschiedlichster Datenbank- oder Dateisystemen. Jedes dieser Systeme ist völlig voneinander getrennt. Zugriffe von fremden Anwendungen auf solche Datenbestände ist meist nur über Schnittstellen möglich. Die Anzahl der Schnittstellen steigt mit dem Wunsch nach durchgängigen Softwarelösungen (Workflow Management) dadurch an.

Eine Reduzierung der Schnittstellen könnte erreicht werden, durch den Einsatz einer *gemeinsamen Datenbank* (Information Warehouse). Auf diese können sämtliche Anwendungen zugreifen. Alle gemeinnützingen Daten sind in dieser Datenbank abzulegen. Jede Anwendung könnte zusätzlich ihre eigene interne Datenbank besitzen um spezielle Daten abzulegen, auf die kein Fremdsystem zugreifen soll.

---

[1]Eine Portierung auf das Betriebssystem MVS ist nur bei Kunden möglich, da bei der CENIT GmbH kein MVS-System zur Verfügung steht. Deshalb ist derzeit keine Portierung auf ein MVS-System geplant.

In folgender Abbildung wird vereinfacht dargestellt, wie ein solches Datenmodell aussehen könnte.

Gemeinsame Datenbanken (Information-Warehouse-Konzept)

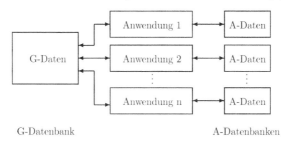

G-Datenbank   A-Datenbanken

Abbildung C.1: Gemeinsame und spezielle Datenbanken

Die G-Datenbank ist zur Ablage aller Daten zuständig, welche für beliebige Anwendungen zur Verfügung stehen müssen. Im Falle, daß die Daten aus einem Produktionsplanungssystem stammen könnten hier zum Beispiel Stücklisten oder Materialstammsätze abgelegt werden. Eine Zeichnungsverwaltung würde in der G-Datenbank alle Informationen einer technischen Zeichnung ablegen.

Die Ablage der Daten in der G-Datenbank müßte in einem öffentlichem Format erfolgen, so daß alle Anwendungen in der Lage wären darauf zuzugreifen. Die A-Datenbanken dienen zur Haltung von anwendungsspezifischen Daten. In ihnen befinden sich nur Daten die keinerlei Verwendung in Fremdsystemen finden.

Anhang D

Tabellen

D.1 Zweier-Potenzen

Diese Tabelle ist hilfreich bei der Festlegung von *bitcodierter* Merkmale, welche in verschiedenen Entitätsmengen verwendet wurden.

n	2^n
0	1
1	2
2	4
3	8
4	16
5	32
6	64
7	128
8	256
9	512

n	2^n
10	1024
11	2048
12	4096
13	8192
14	16384
15	32768
16	65536
17	131072
18	262144
19	524288
20	1048576

Tabelle D.1: Zweier-Potenzen

Anhang E

Glossar

Dieser Anhang enthält eine alphabetisch angeordnete Aufstellung der verwendeten Kurzbegriffe, einschließlich ihrer Erklärung.

ABAP/4 Advanced Business Application Programming/4. SAP-Programmiersprache der 4. Generation zur Entwicklung von Dialoganwendungen und zur Auswertung von Datenbanken.

APPC Advanced Programm to Programm Communications. Kommunikation auf der Programmebene zwischen LAN-PCs innerhalb der SNA-Architektur. Mit APPC und LU6.2 wird eine PC-Verbindung ohne Hostbeteiligung und Terminal-Emulation erreicht.

BOM Englische Bezeichnung für eine Stückliste Bill Of Material.

CAD-PPS-Modul Eigenständiges CAD-Programmodul für die Kopplung der CAD-Systeme CATIA und CADAM mit einem Produktionsplanungssystems.

Client/Server-Architektur Client/Server-Architekturen schaffen innerhalb eines Netzwerkes kooperative Verarbeitungslösungen für die verteilte Datenhaltung.

Data-Dictionary Datenbankkatalog des Datenbanksystemes, in dem die Definitionen von Daten, Tabellen und Tabellenbeziehungen hinterlegt sind.

Datenbank Datenbasis (Menge von Daten), die vom Datenbankmanagementsystem (DBMS) verwaltet wird und Teil eines Datenbanksystems ist.

Dispatcher Funktionskomponente eines Servers, der die unterschiedlichen Prozesse bei jeder Kommunikation koordiniert. Es verwaltet die Ressourcen für die Anwendungen, und zwar durch eine Verwaltung von Pufferbereichen im Hauptspeicher, Organisation der Kommunikationsvorgänge, Lastverteilung, Steuerung des Datenaustauschs zu anderen Applikationen, Konsistenzsicherung der Daten usw..

DBMS Datenbank Management System. Eine Software-System zum Aufbau und zur Pflege einer Datenbank, die SQL als Sprache der 4. Generation beinhaltet und Teil eines Datenbanksystems ist.

Destination Logischer Name eines Datenbanksystems.

EDM EDM ist ein DV-gestützter, in Stufen ausbaubarer Integrationsansatz für alle produktbeschreibenden Daten und zugehörenden DV-Systeme entlang der Engineering-Prozeßkette.

Gateway Ein Gateway hat die Aufgabe Nachrichten von einem Rechnernetz in ein anderes zu übermitteln, wobei vor allem eine Protokollkonvertierung notwendig ist. Das Gateway konvertiert bis zu 7 Schichten des ISO/OSI-Modells und bietet damit die Möglichkeit vollständig verschiedene LANs miteinander zu verbinden.

ISPF Interaktive System Productivity Facility. ISPF ist ein Werkzeug zur Erstellung und Steuerung von Dialogmasken für ASCII-Terminal unter den Betriebssystemen VM und MVS von IBM.

LU6.2 IBM-Netzwerkprotokoll, wird für die Kommunikation des Systems R/3 mit Großrechnern genutzt.

PPS Produktions Planungs System.

PPS-Schnittstelle Programmschnittstelle zu einem beliebigen Produktionsplanungssystems.

SAP-Schnittstelle Programmschnittstelle zu dem Produktionsplanungssystem SAP.

SQL Datenmanipulationssprache. SQL ist eine Sprache der 4. Generation, die konsistente, schlüsselwortorientierte Möglichkeiten für Abfragen, Datendefinitionen, Datenmanipulationen und für die Datensteuerung enthält.

TCP/IP Transmission Control Protocol/Internet Protocol. Im Umfeld offener Systeme hat sich TCP/IP als Standard-Netzwerkprotokoll durchgesetzt. Es wird von allen für das System R/3 relevanten Betriebssystemen unterstützt.

Transaktion Zusammenhängende Arbeitsschritte, die zur Ausführung einer bestimmten Aufgabe erforderlich sind. Eine Transaktion ist ein unteilbarer Prozeß eines Programms.

Workflow Management Das Workflow Management realisiert eine durchgängige, abteilungs- und hierarchieübergreifende Vorgangsbearbeitung.

ZVS-PPS-Modul Eigenständiges CAD-Programmodul für die Kopplung der Zeichnungsverwaltung CAD-ZV von der CENIT GmbH mit einem Produktionsplanungssystems.

Literaturverzeichnis

[1] Olaf Abeln; *Die CAD-Techniken in der industriellen Praxis*; Carl Hansen 1990.

[2] Hans Berger; *R/3 und mehr, Ein Gloassar für Anwender*; ALLDATA Service GmbH Informationsverarbeitung.

[3] Prof. Dr. Biegert; *RSA-Verfahren*; Vorlesungsmanuskript zu Chiffrierung; FHT Stuttgart.

[4] A. Born; *Vorgerechnet: Was kostet Client/Server-Computing*; iX Multiuser Multitasking Magazin 4/1995. Heisse Verlag.

[5] G. Fandel, P. Francois, K.-M. Gubitz; *CAD-Systeme, Grundlagen, Methoden, Software, Marktanalyse*; Hagen (AIP-Institut) 1995, i.V.

[6] G. Fandel, P. Francois, K.-M. Gubitz; *PPS-Systeme, Grundlagen, Methoden, Software, Marktanalyse*; Springer-Verlag; Berlin 1994.

[7] E. Hellwig, J. Kuhnhenn; *CAD/PPS-Verbindung - Konzepte und Lösungsvarianten*; VDI-Z 131,1989.

[8] H. Kernler; *PPS der 3. Generation - Grundlagen und Methoden*; Hütig Verlag Heidelberg 1993.

[9] Fritz Krückeberg, Otto Spanid; *Lexikon der Informatik und Kommunikationstechnik*; VDI-Verlag 1990.

[10] Heinz Rötheli, Urs Schneider; *Aktive Regelkreise*; iX Multiuser Multitasking Magazin 5/1995; Heisse Verlag.

[11] SAP AG; *SAP Grundlagen*; Onlinedokumentation auf CD-ROM; SAP Walldorf AG. 1995

[12] SAP AG; *SAP Logistik*; Onlinedokumentation auf CD-ROM; SAP Walldorf AG. 1995

[13] SAP AG; *CAD-Interface*; Onlinedokumentation auf CD-ROM; SAP Walldorf AG. 1995.

[14] EUROFORUM Konferenz; *Unabhängige Fachkonferenz SAP R/3*; Teilnehmerunterlagen; München 1995.

[15] Hans Schmidt, Ralph Hülsenbusch; *Bereinigte Lösung*; iX Multiuser Multitasking Magazin 8/1993; Heisse Verlag.

[16] Hans-Jochen Schneider; *Lexikon der Informatik und Datenverarbeitung*, 2. Auflage; Verlag Oldenbourg.

[17] G. Viebeck; *Datenbanken*. Vorlesungsmanuskript zu Datenbanken.

[18] H. Walter; *Vorgehensweise bei der Softwareentwicklung*; Vorlesungsmanuskript zu Softwareengineering; FHT Stuttgart.

Index

ABAP, 8, 31
Administrator, 64, 87
Anmeldevorgang, 36, 72, 77, 87, 88

Benutzergruppe, 59, 60, 72, 115
Benutzerverwaltung, 59, 59
Binäres Suchen, 67
Bitcodiert, 71
Bitcodierung, 67
Bitsumme, 68, 71

CAD-Interface, 9, 11, 20, 22, 24, 25, 29, 30,
        32 34, 44, 52, 61 63, 73, 76, 77, 79,
        89, 90, 93, 98, 101, 104
    Funktion
        SapBomch, 44
        SapBomcr, 44
        SapBomrq, 45
        SapBreak, 37
        SapConnc, 28, 36, 62, 88
        SapDisco, 36
        SapDoccr, 42, 95, 113, 114
        SapHlprq, 37, 108
        SapMatch, 40, 93
        SapMatcr, 38, 106
        SapMatrq, 41, 90, 91, 111 113
        SapRsrve, 39
        SapSysrq, 37, 47, 97, 115
CAD-Kennzeichen, 44
CAD-ZV, 1, 2, 4, 52, 53, 56, 57, 59, 82, 94,
        95, 100, 101, 113, 114, 121, 122
    Basis, 4
    Form, 4, 94
    Freigabe, 2, 5, 5, 39, 92, 95, 96, 113,
        114, 123, 125
    Manage, 5
    User-Exit, 5, 57, 95, 96, 113, 114, 125

Zeichnung, 94, 96
Zeichnungskopf, 57, 83, 94, 110, 111
Zeichnungstyp, 5
CADAM, 1, 2, 52 54, 62, 101, 117, 121, 122
    Elementattribut, 54
caddialg.ini, 26, 27, 29, 61, 62, 76
CADSYS, 25, 28, 60, 62, 73, 76 78, 97, 107
CATIA, 1, 2, 52 54, 62, 101, 117, 121, 122,
        126
    Descriptionblock, 54
CENIT, 2
CPIC, 10, 19, 20, 34
    Benutzer, 22, 26, 28, 29, 41, 60, 62, 73,
        76, 77, 88, 98, 115
    Fehler, 35
    Handler, 21, 26

Datenbank, 66, 67
Datenmodell, 65, 66, 69, 83, 101
    Basis-Schicht, 69, 70
    ER-Modell, 51, 83, 85
    Normalform, 65, 66
    Panel-Schicht, 69, 79
    SAP-Schicht, 69, 73, 124
    Tabelle
        BASANWD, 68, 70, 85
        BASSDMD, 70, 85
        BASSYS, 71, 85
        BASUSYS, 72, 85, 88
        BASVGRP, 72, 85
        BASVUAN, 71, 85
        BASVUGR, 72
        BASVUSR, 71, 85
        PANEL, 79, 85, 87, 115, 116
        PANIOIN, 81, 82, 85, 91, 92, 105,
            106, 109, 110
        PANNAM, 82, 85, 87, 115, 116

SAPCAD, <u>76</u>, 85
SAPCPIU, <u>76</u>, 85
SAPDEF, <u>78</u>, 85, 116
SAPFKT, <u>77</u>, 85, 89, 93, 116
SAPKON, <u>75</u>, 85
SAPMAND, <u>76</u>, 85
SAPMAT, 92
SAPPAN, <u>78</u>, 85, 87, 90–92, 115, 116
SAPSYS, <u>74</u>, 85
SAPTMAT, <u>79</u>, 85
SAPUSER, <u>77</u>, 85, 88, 89
ZVSSAPR, <u>83</u>, 85, 94, 95, 110–114
ZVS-SAP-Schicht, 69, <u>82</u>

EDM, 2, <u>3</u>, 27
Empfangsstring, <u>34</u>, 46, 105–107

ISO 9000, 4

Just-in-Time, 4

Logische Verbindung, <u>54</u>
LU6.2, 19, 21, 121

Panelinterpreter, 53, 79, 82, 96, 105, 108, 109, <u>117</u>
   Element
      Button, 81, 109
      IO-Feld, 80, <u>119</u>
      Linie, 80
      Tabelle, <u>119</u>
      Text, 80, 109
   Elemente, <u>118</u>
   Funktion
      panst, <u>118</u>
      wdrop, <u>118</u>
      wopna, 92, <u>118</u>
   Funktionsweise, <u>118</u>
   INCLUDE, 107, 119
   IO-Datei, 80, 82, 91–93, 105, 106, 112, <u>119</u>
   IO-Feld, 106
   Panellayout, 62, 63, 79, 81, 82, 85, 87, 115
   Schnittstelle, <u>117</u>
PPS-Schnittstelle, 51, 69, 99, 101, 104

PPS-System, <u>3</u>, 6, 53, 57, 59, 83, 124
Pseudosprache, 104, <u>104</u>, 115

SAP, 1, <u>8</u>, 20, 21, 26, 58, 61, 63, 75, 99, 121, 122, 124
   Benutzer, 22, 26, 28, 45, 60, 88
   Buchungskreis, <u>12</u>
   Client, 20, 26, 28, 29
   Data-Dictionary, 24, 32, 63, 78, 113
   Datenbank, 44
   Dispatcher, 27, 29
   Dokument, 1, 13, <u>14</u>, 23, 31, 43, 51, 57, 95, 113, 114, 125
      Art, 42, 43
      Kurztext, 43
      Nummer, 42, 114
      Status, 43, 125
      Version, 42, 57, 96, 114, 125
   Einkaufsorganisation, <u>12</u>
   Equipment, 13, <u>15</u>, 23
   Gateway, 21, 22, 27, 29
   Lagerort, <u>12</u>, 93
   Mandant, <u>11</u>, 13, 22, 28, 60, 62, 73, 76–78, 88, 89, 97, 107, 115
   Matchcode, 43, 49, 50, 78, 89, 90, 122
      Suche, 41, 93
   Material
      Art, 16
      Nummer, 23, 39, 43, 45, 46, 83, 89, 91–93
   Materialstamm, 1, 13, <u>14</u>, 16, 31, 38, 51, 56, 83, 89–92, 95, 99, 105, 106, 110, 112, 113, 122, 123
      Interner Vermerk, 40, 122
      Kurztext, 40, 93, 122
      Prüftext, 40, 93, 122
   Materialwirtschaft, 11, <u>13</u>, 16
   Regeltabelle, <u>22</u>, 32, 60, 62, 79, 82, 87, 96, 97, 108, 122
      TCIC, <u>24</u>, 85
      TCID, <u>25</u>, 45, 48, 63, 81, 83, 85, 97, 115
      TCIM, <u>25</u>, 48, 60, 76, 85, 97, 115
      TCIS, <u>22</u>, 47

TCIU, 24, 45, 48, 63, 81, 83, 85, 97, 105, 113–115
Server, 20, 26, 28
Stückliste, 1, 7, 13, 16, 31, 44, 45, 51, 53, 56, 122
  Art, 16
  Dokumentstückliste, 16, 16, 125
  Equipmentstückliste, 17, 125
  Kopf, 44, 46
  Materialstückliste, 16, 16
  Mehrfachstückliste, 17, 18, 44
  Position, 44, 46
  Rekursive Stückliste, 17, 18, 125
  Variantenstückliste, 17, 17, 44, 125
Subsystem, 19
Unternehmensstruktur, 11, 11, 13, 14, 73
Verkaufsorganisation, 12
Werk, 12, 45, 46, 83, 93
SAP-Schnittstelle, 51, 51, 61, 62, 81, 88, 96, 97, 107, 120, 123–125
  CAD-PPS-Modul, 52, 56, 90
  CAD-SAP-Modul, 100, 121
  Customizing-Modul, 52, 58, 74, 77, 81, 88, 97, 100, 115, 121, 122
  Download, 62, 62, 63, 73, 78, 79, 87, 90, 96, 97, 107, 115, 116, 122
  Skalierung, 62
  ZVS-PPS-Modul, 52, 56, 57, 86, 90
  ZVS-SAP-Modul, 100, 110, 121, 122
Sendestring, 34, 46, 95, 105, 106
sideinfo, 26, 28, 29, 61, 74, 75
Sonderdefault, 64, 78, 81
SQL, 67
Systemdatei
  /etc/hosts, 28
  /etc/services, 29

TCP/IP, 19, 21, 26, 61, 121
Time-to-Market, 120, 126
Toolbox, 11, 46, 111
  Funktion
    SapCreateFillTable, 48
    SapCreateFillTableMcd, 49
    SapCreateSendstr, 49, 106, 114

SapCreateSendstrMcd, 49
SapCreateTable, 47
SapDescribeInterface, 47
SapDescribeTable, 49
SapFillHlpTable, 50
SapFillInterface, 47
SapGetAttributName, 48
SapGetAttributNameValue, 48
SapGetErrorMessage, 47
SapGetMcdDescription, 50
SapGetTableValue, 106, 111
SapInitToolbox, 47
SapWriteConfiguration, 47
SapWriteMcdValue, 50
SapWriteTableValue, 49, 106, 113
Total-Quality-Management, 4

Virtueller Benutzer, 60, 60, 71, 72, 77, 88, 89

Workflow, 19

Zeichnungsverwaltung, 4, 4, 8, 92
Zertifikat, 51, 90, 99, 125
  Materialstamm, 125

Die Diplomarbeiten Agentur vermarktet seit 1997 erfolgreich Wirtschaftsstudien, Diplomarbeiten, Magisterarbeiten, Dissertationen und andere Studienabschlußarbeiten aller Fachbereiche und Hochschulen.

Seriosität, Professionalität und Exklusivität prägen unsere Leistungen:

- Kostenlose Aufnahme der Arbeiten in unser Lieferprogramm
- Faire Beteiligung an den Verkaufserlösen
- Autorinnen und Autoren können den Verkaufspreis selber festlegen
- Effizientes Marketing über viele Distributionskanäle
- Präsenz im Internet unter **http://www.diplom.de**
- Umfangreiches Angebot von mehreren tausend Arbeiten
- Großer Bekanntheitsgrad durch Fernsehen, Hörfunk und Printmedien

Setzen Sie sich mit uns in Verbindung:

Diplomica GmbH
Hermannstal 119k
22119 Hamburg

Fon: 040 / 655 99 20
Fax: 040 / 655 99 222

agentur@diplom.de
www.diplom.de

Diplom.de

- **Online-Katalog**
  mit mehreren tausend Studien

- **Online-Suchmaschine**
  für die individuelle Recherche

- **Online-Inhaltsangaben**
  zu jeder Studie kostenlos einsehbar

- **Online-Bestellfunktion**
  damit keine Zeit verloren geht

**Wissensquellen
gewinnbringend nutzen.**

**Wettbewerbsvorteile
kostengünstig verschaffen.**